# ATLAS POUR ENFANTS

# ATLAS POUR ENFANTS

Martine Laforêt

et

Jean Lejeune

Chantecler

# Table des matières

division de la Zuidnederlandse Uitgeverij N.V.,
Aartselaar, Belgique.

D-MCMXC-0001-182

# La carte

Il existe différents types de cartes: cartes à jouer, cartes postales, cartes de prix, etc. Elles ont toutes une fonction particulière.
Si tu joues aux cartes, tu seras content de tirer le joker, qui te permettra de gagner la partie! Une carte postale de l'étranger te permet de découvrir le paysage de pays lointains. Si tu vas au restaurant, mieux vaut lire la carte des prix; qui sait, c'est peut-être très cher. Tu constates donc l'importance des cartes. Les cartes d'un atlas sont des cartes géographiques sur lesquelles sont dessinés les pays, les villes, les montagnes, les océans, les fleuves et les routes.
Une carte géographique te permet de voir à quoi ressemble une région, sans devoir y être personnellement.
Le contenu exact d'une carte dépend de nombreux éléments. Il est donc important d'en connaître les multiples usages.
Tu comprendras aisément que pour l'équipage d'un bateau, il est plus important de connaître la position des phares que des églises. L'alpiniste n'a pas besoin de la description d'une ville, mais bien d'une montagne. Si tu te trouves dans une ville étrangère, tu désireras connaître la direction des rues. Tu auras donc recours à un plan. Il existe différents types de cartes, qui varient en fonction des usages divers.
Toutefois, elles ont toutes un point commun: elles décrivent un morceau de la Terre. Non pas vue du sol, mais du ciel.

## L'orientation des points cardinaux sur une carte

La plupart des cartes sont dessinées avec le nord au-dessus de la carte. Le nord est un point cardinal. Outre le nord, les trois autres points cardinaux sont: l'est, le sud et l'ouest. La rose des vents donne les points cardinaux. Le sud est toujours en vis-à-vis du nord. L'ouest se trouve à la gauche et l'est à la droite de ce dernier. Lorsque tu as trouvé le nord, tu peux donc situer les autres points cardinaux. Le plus souvent, ceux-ci sont représentés par une lettre. Tu les as certainement déjà vues: N - E - S - O. Entre ces lettres se trouvent des doubles lettres: N-E, S-E, S-O et N-O. Ces lettres indiquent des directions intermédiaires. Il arrive en effet très souvent que la direction des vents ne coïncide pas exactement avec un point cardinal. Tu as très certainement déjà entendu un bulletin météorologique annonçant un ''vent de sud-ouest''. Il s'agit donc d'un vent qui ne souffle pas tout à fait du sud ni de l'ouest, mais d'entre les deux directions.

*Sur une rose des vents, le nord est toujours au-dessus*

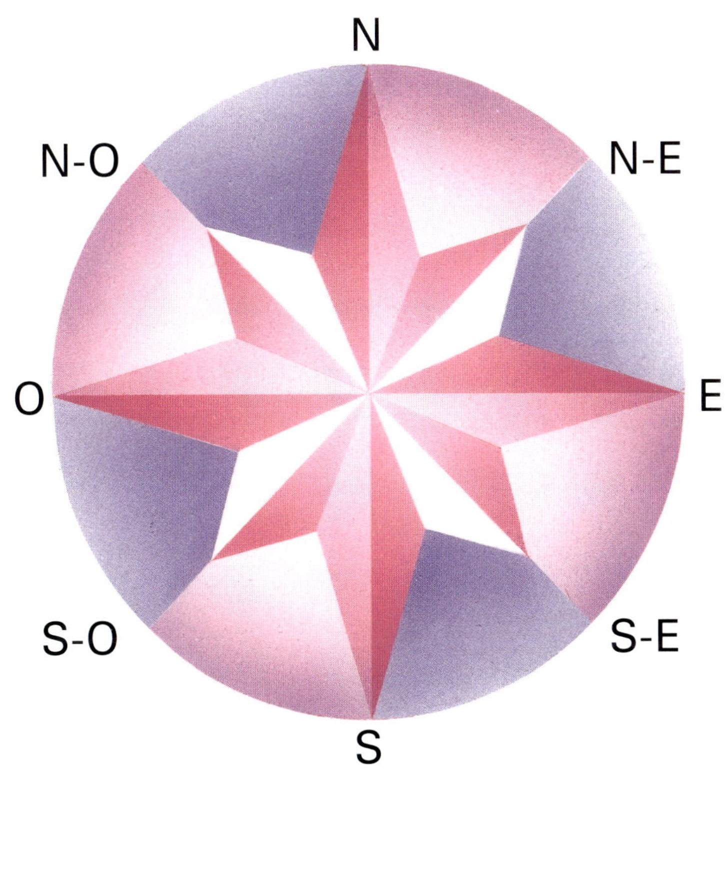

## Comment trouver le nord?

Tu sais à présent que le côté supérieur de la carte indique le plus souvent le nord. Mais comment peut-on le situer? Lorsque tu tiens la carte en mains et que tu fais demi-tour, le nord indique subitement une autre direction!
Pour savoir précisément où le nord se situe, tu as besoin d'une boussole. Sur celle-ci, tu peux remarquer une aiguille qui indique toujours le nord. Si tu tiens la carte de telle sorte que le côté supérieur soit dans la même direction que l'aiguille, l'orientation est alors correcte. Muni d'une boussole et d'une carte, tu peux situer avec précision la position d'un pays, d'une ville, d'un fleuve ou d'une rue.

## Ta rue représentée sur carte

Regardons à présent comment une simple maison est représentée sur une carte. La première illustration te montre le dessin d'une maison. Imaginons qu'il s'agisse de la tienne. La deuxième image représente une carte de ta rue. Sur une carte, tout est représenté comme vu du dessus. Tu ne vois plus donc que le toit de ta maison. Et le toit des maisons voisines. La carte reprend également ta rue. Si tu prenais de l'altitude, on n'apercevrait plus ta maison. On obtient alors une vue des rues de la ville. La différence entre les rues longues et courtes, étroites et larges, est évidente. La troisième image te le prouve. Une carte de ce type s'appelle un plan.
Si nous nous élevons encore plus, nous ne distinguons même plus les rues. Regarde la quatrième image. On ne discerne plus que les longues voies ferrées, les routes principales et la côte. Les villages et les villes sont représentés par un gros point. La ville dans laquelle tu habites est aussi devenue un point.
On utilise ce type de carte pour se rendre d'une ville à une autre. Tu peux ainsi choisir ton itinéraire avec précision.

Nous pouvons encore prendre de l'altitude. Si tu fais alors un dessin, tu obtiens la carte d'un pays entier.
La cinquième image te le montre. As-tu vu le profil étrange de la côte? Les routes, les villes et les chemins de fer ont disparu de cette carte. Le petit cercle indique la région dans laquelle se trouvent ta ville et, par conséquent, ta rue.
Sur la dernière image, nous sommes si haut que plusieurs pays sont repris sur la même carte. Outre ces pays, on y remarque également les océans. Le petit cercle indique la situation approximative de ta maison.

En fait, les cartes indiquent toutes le même endroit. La surface de cet endroit sur la carte dépend de l'échelle.
Sur une carte d'Europe (image 6), cet endroit est minuscule. La maison n'est pas visible. On dit aussi que cette carte a une petite échelle.
Sur l'image 5, l'endroit est déjà plus grand, quoique la maison ne soit toujours pas visible. L'échelle de la carte 4 est déjà plus grande. L'échelle la plus grande est celle de la carte représentant la maison (image 2).
Chaque carte a donc son échelle. Les bonnes cartes spécifient l'échelle appliquée.
La carte représentant la maison serait, par exemple, à ''l'échelle 1:200'', ce qui signifie qu'1 centimètre sur la carte représente en réalité 200 centimètres (2 mètres).
Si, au moyen d'une règle, tu mesures la longueur de la maison sur la carte, tu peux en calculer la longueur réelle. Si la maison mesure 5 centimètres sur le dessin, en réalité, elle en mesure 5 x 200 centimètres, soit 10 mètres. Tu peux évidemment calculer ce que vaut un centimètre sur une carte à plus petite échelle.
Ne t'étonne toutefois pas en lisant que l'échelle de la carte d'Europe soit de 1:50.000.000. Chaque centimètre sur la carte équivaut en réalité à 50 millions de centimètres. C'est-à-dire 500 kilomètres!

1. Sur une carte, nous pouvons représenter la place de cette maison de différentes manières.

2. Au dessus, on voit la maison, les maisons voisines et la rue.

3. Sur le plan de la ville, tu vois les rues, les gros bâtiments et les parcs. La place de la maison est entourée d'un rond.

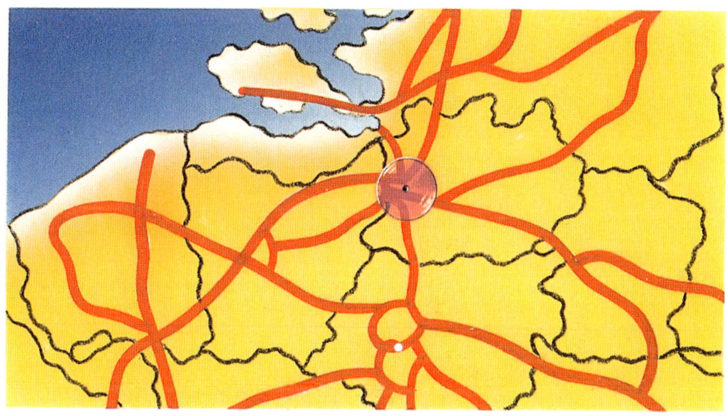

4. Sur cette carte, tu vois les grands axes routiers, les frontières des provinces et la ligne de la côte.

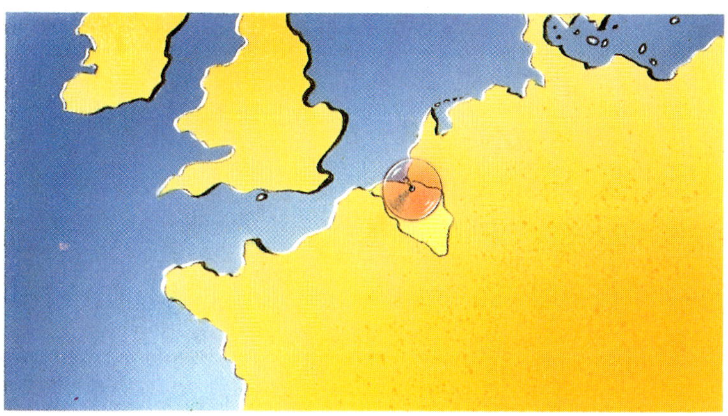

5. Ici, il s'agit d'une carte de tout le pays. La ligne de la côte se voit bien. Les villes et les routes ont disparu de la carte.

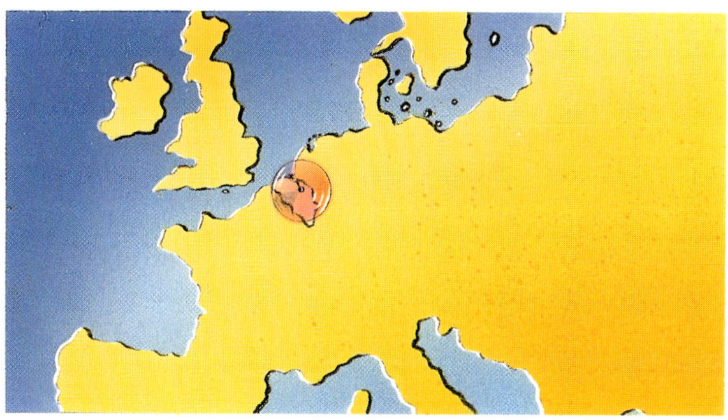

6. Sur cette carte, tu vois où le pays, et donc la maison, est situé en Europe.

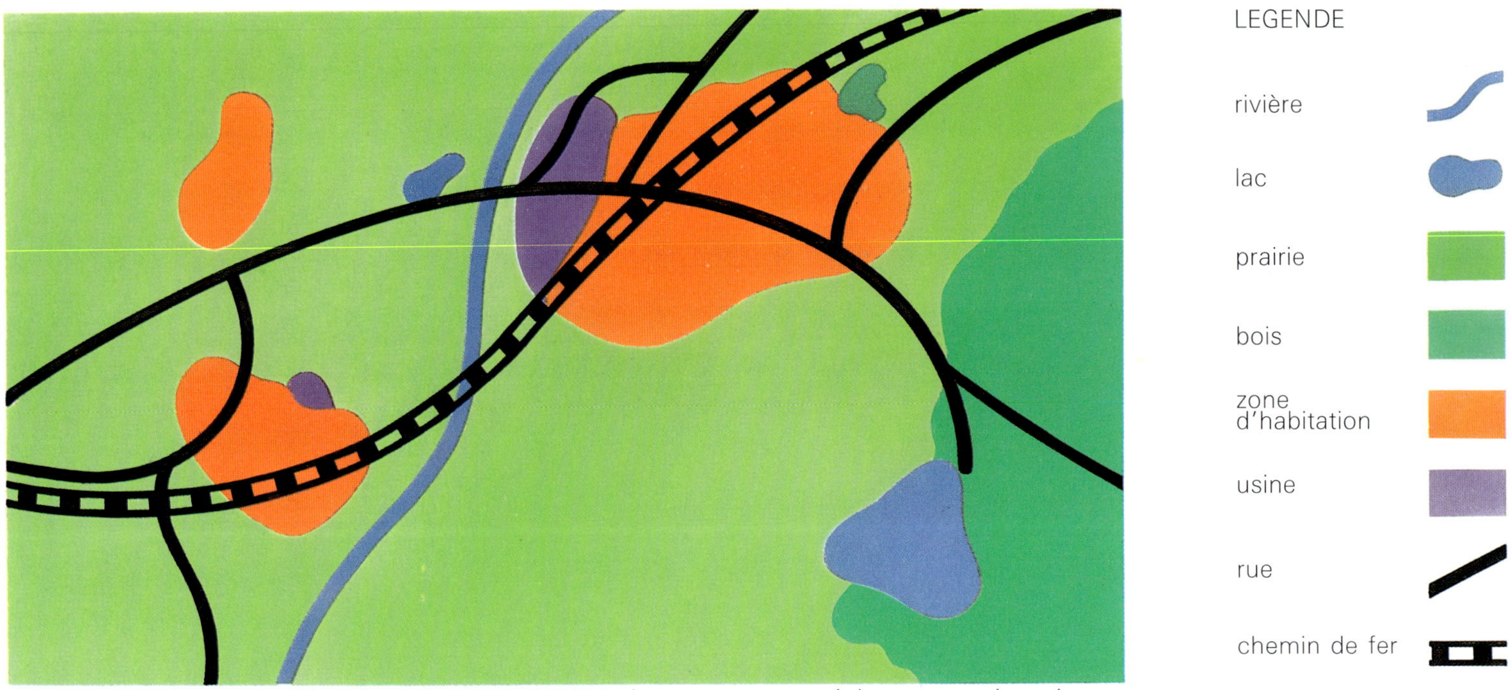


*Grâce à une carte et à une légende, nous pouvons voir comment une région est représentée.*

## Comment utiliser une légende?

Dans le cas d'une carte à petite échelle, il est parfois difficile de savoir si tel trait représente une voie ferrée ou une route. La question se pose également de savoir ce que les différentes couleurs signifient. C'est pourquoi les cartes sont souvent accompagnées d'une liste de signes cartographiques. Cette liste est appelée ''légende''. Celle-ci reprend les signes et les couleurs qui apparaissent sur la carte, ainsi que leur signification. Consulte la carte ci-dessus. La petite ligne bleue représente un fleuve. Ce fleuve est longé par une grande bande vert clair. Cette couleur indique la présence de prairies. Regarde à présent les taches rouges. D'après la légende, il s'agit de zones d'habitat, villes et villages où habite la population. A côté des zones d'habitat, tu peux distinguer des taches mauves. La légende te signale que l'on y trouve des industries. Des lignes sont dessinées entre les villes et les villages. Des lignes pleines et des lignes en pointillés. Si tu lis attentivement la légende, tu verras que les lignes pleines représentent les routes tandis que les pointillés symbolisent les voies ferrées. Une des routes va vers une zone vert foncé. D'après la légende, il s'agit d'un bois. A proximité de celui-ci, tu peux voir une tache bleue. Consulte la légende afin d'en trouver la signification. As-tu également remarqué l'autre tache bleue?

## Du globe terrestre au planisphère

Tu sais à présent qu'une carte est le dessin d'une portion de Terre, vue du dessus. Plus tu es haut, plus tu vois de pays. Arrivé à une certaine altitude, tu ne vois même plus les pays. Tu te trouves alors devant un grand globe, la Terre. Le tout est d'en faire un dessin à plat! Pour comprendre comment on peut dessiner le monde sur une carte, imagine que le globe terrestre est une orange. Pèle celle-ci soigneusement, en veillant à ce que l'épluchure reste entière. Essaie à présent de la déposer à plat. Cela n'est pas très facile en raison des nombreuses

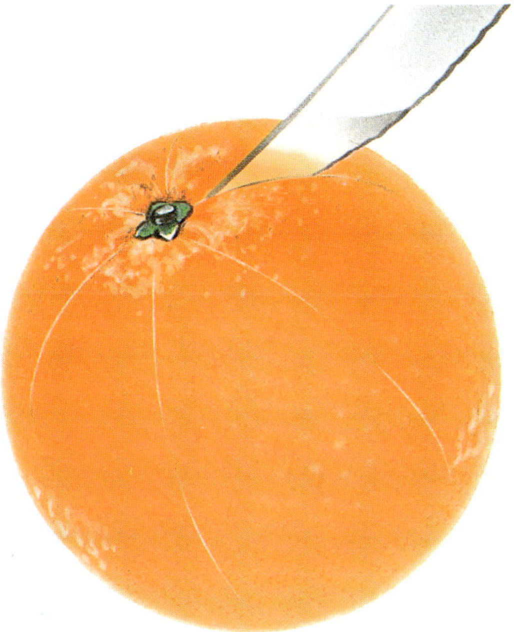

*Représenter une carte du monde très précise n'est pas facile parce que notre Terre est une boule. Pour cela, tu dois imaginer le globe terrestre comme une orange dont tu épluches la peau que tu étends à plat.*

déchirures! La même chose se produirait si on essayait de peler le globe terrestre. Il est impossible d'aplatir une boule. Pourtant, il existe des cartes qui représentent la Terre entière. Les cartographes, ce sont les personnes qui font des cartes, ont recours à toutes sortes de trucs pour dessiner le monde sur carte. L'un dessine le monde de façon à faire coïncider précisément la forme des pays. Mais lorsque les formes coïncident, les mesures ne sont pas tout à fait justes. L'autre respecte les mesures, au détriment des formes qui ne coïncident plus. Le planisphère le plus utilisé est celui dessiné par Monsieur Winkel. Cependant, la meilleure manière de représenter notre planète reste le globe terrestre.

## Comment localiser un endroit sur un planisphère?

As-tu déjà entendu parler de la ville de Huelva? A coup sûr, non. Dès lors, comment savoir où Huelva se trouve? Cela peut te sembler fou, mais chaque endroit sur Terre a des coordonnées. Celles de Huelva sont 37 N, 7 O. Comme l'adresse d'une maison, qui est calculée à partir du début de la rue. Les coordonnées de Huelva et de tout autre endroit sur Terre sont calculées à partir de l'équateur. L'équateur est la ligne qui coupe le globe terrestre précisément en deux et qui va de gauche à droite. Si tu te mettais à la recherche de l'équateur dans le paysage, tu rentrerais bredouille. Cette ligne n'existe pas en réalité. Elle a été dessinée par l'homme sur les cartes et le globe terrestre pour localiser avec précision tout endroit. Peut-être possèdes-tu un globe terrestre, ou y en a-t-il un à l'école? En l'examinant bien, tu as certainement déjà vu l'équateur. A partir de celui-ci, tu peux prendre deux directions: le nord (vers le haut) ou le sud (vers le bas). Si tu vas au nord, tu entres dans l'hémisphère nord. Si tu vas au sud, tu mets le pied dans l'hémisphère sud. La distance qui sépare un endroit de l'équateur est une ''latitude''. Dans l'hémisphère nord, on parle de

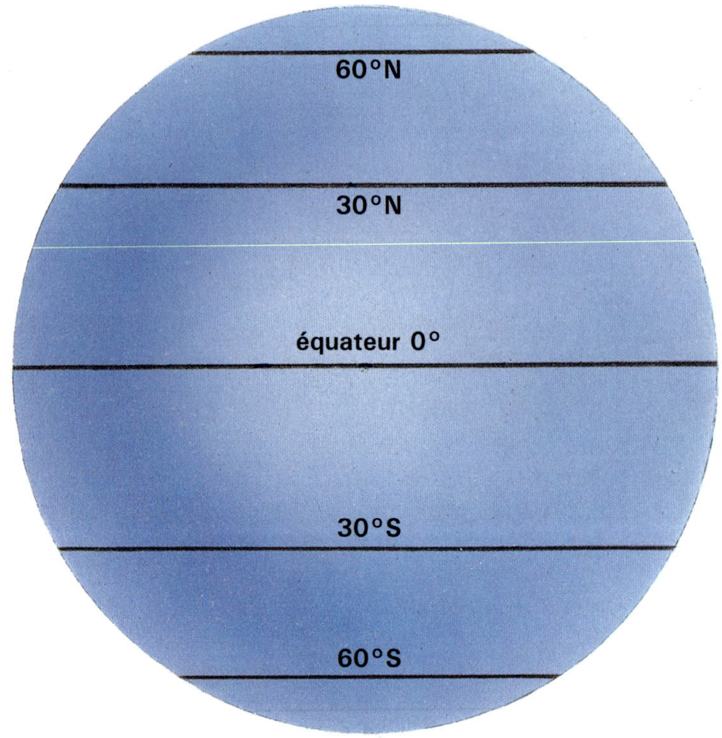


*Les parallèles sur une carte vont de gauche à droite.*

''latitude nord''. Dans l'hémisphère sud, il est question de ''latitude sud''. Si tu as observé le globe terrestre attentivement, tu auras remarqué que l'équateur ne constitue pas la seule ligne. Dans un souci de facilité, on a dessiné d'autres lignes allant de gauche à droite. Ces lignes horizontales sont appelées des parallèles. L'équateur est le parallèle zéro. C'est logique, puisque la distance qui sépare l'équateur d'un endroit qui se trouve sur l'équateur est nulle. A partir de ce dernier, on compte encore 90 parallèles pour l'hémisphère nord et 90 autres pour l'hémisphère sud. Chaque parallèle porte un numéro. Le premier à partir de l'équateur est le numéro 1. Ceci signifie que cette ligne se situe à 1 degré de l'équateur. Supposons qu'un endroit se trouve sur la première ligne au-dessus de l'équateur, nous dirons alors que cet endroit est situé à 1 degré de latitude nord. Cette graduation va jusque 90 degrés. A 90 degrés latitude nord,

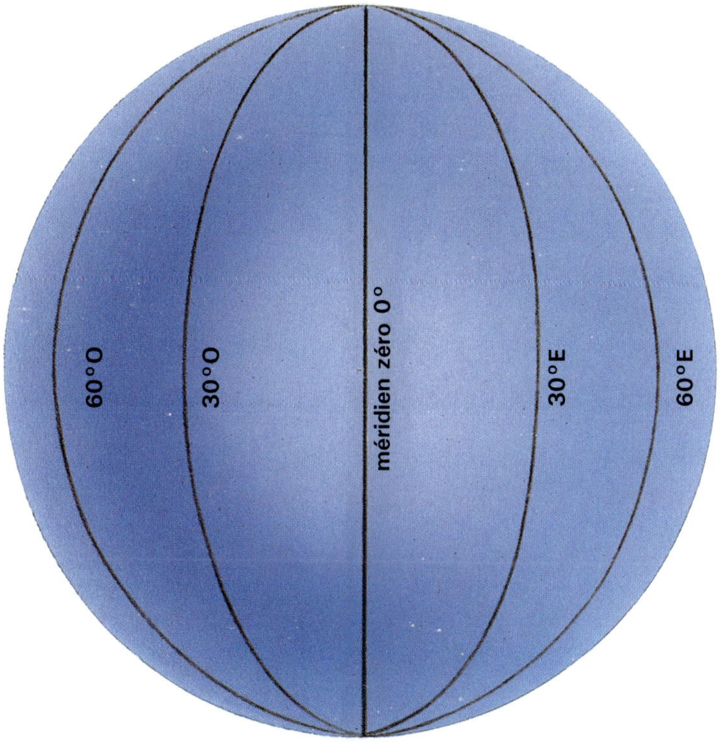


*Les méridiens vont de haut en bas.*

*Grâce aux parallèles et aux méridiens, un endroit peut être localisé avec précision sur une carte.*

on est au pôle Nord; à 90 degrés latitude sud, c'est le pôle Sud. Huelva se situe sur le 37ème parallèle au nord de l'équateur (37 N). Toutefois, il existe de nombreux endroits situés sur le 37ème parallèle nord. C'est pourquoi d'autres lignes s'avèrent nécessaires. Elles ne vont pas de gauche à droite, mais de haut en bas. Ces lignes sont appelées des méridiens.

Un de ces méridiens passe précisément sur Greenwich, observatoire situé près de Londres. Cette ligne est appelée le méridien zéro. La distance entre le méridien et un endroit précis est appelée ''longitude''. Deux directions s'offrent à partir du méridien zéro: vers l'est (vers la droite) et vers l'ouest (vers la gauche). Si tu vas à l'est, on parle de ''longitude est''. Tous les endroits situés à l'ouest du méridien zéro sont en ''longitude ouest''. Il y a 180 méridiens à l'ouest et 180 à l'est du méridien zéro. A l'instar des parallèles, ils sont numérotés.

Maintenant que tu connais tout ceci, tu peux localiser exactement Huelva. 37 N équivaut au 37ème parallèle latitude nord. 7 O signifie que cette ville se situe sur le 7ème méridien à l'ouest du méridien zéro. Huelva se trouve donc dans le sud de l'Espagne, à la frontière du Portugal.

# La Terre tourne

Quoique tu ne t'en rendes pas compte, en ce moment, tu n'es pas immobile! Cela peut te sembler bizarre, car tu es probablement assis sur une chaise. Tu ne sens rien du tout. Et pourtant, tu tournes lentement. Ceci s'explique par le fait que la Terre est en rotation, tout comme une balle. Tout ce qui se trouve sur la Terre tourne également. Toi y compris! Un ballon peut rouler dans toutes les directions, pas la Terre. C'est comme si un énorme clou la transperçait. Ce clou est appelé l'axe de la Terre. Celle-ci tourne autour de son axe. Toujours du même côté, de gauche à droite. Aux extrémités de l'axe se trouvent les pôles. Le pôle Nord se situe au-dessus et le pôle Sud en dessous. Imagine à présent que tu te trouves au sommet de l'axe terrestre. Un ami se trouve à mi-chemin entre les pôles, sur l'équateur. Après quelques rotations, ton ami aura parcouru un long trajet, tandis que toi, tu n'auras accompli que quelques petits ronds!

## Un tour dure 24 heures

Les gens disent que le Soleil se lève puis se couche. En fait, ils se trompent. C'est la Terre qui bouge, pas le Soleil. La Terre met exactement 24 heures pour accomplir un seul tour. Comme le Soleil est totalement immobile, chaque point de la Terre est éclairé une fois en 24 heures. Dans les pays tournés vers le Soleil, il fait alors jour. Par contre, de l'autre côté du globe, dans les pays non éclairés, il fait nuit.

*Notre Terre tourne autour de son axe. Et en même temps, elle tourne autour du Soleil.*

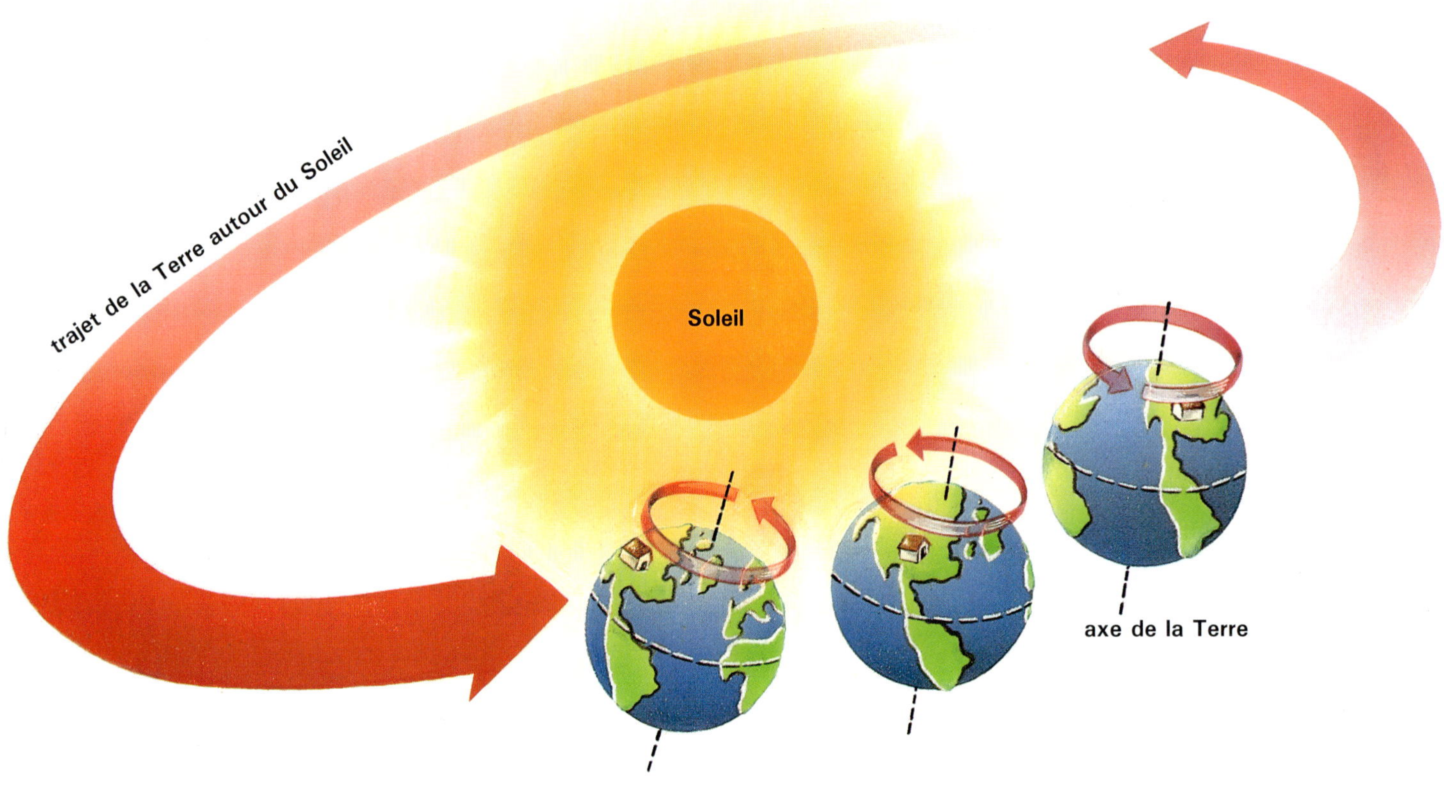

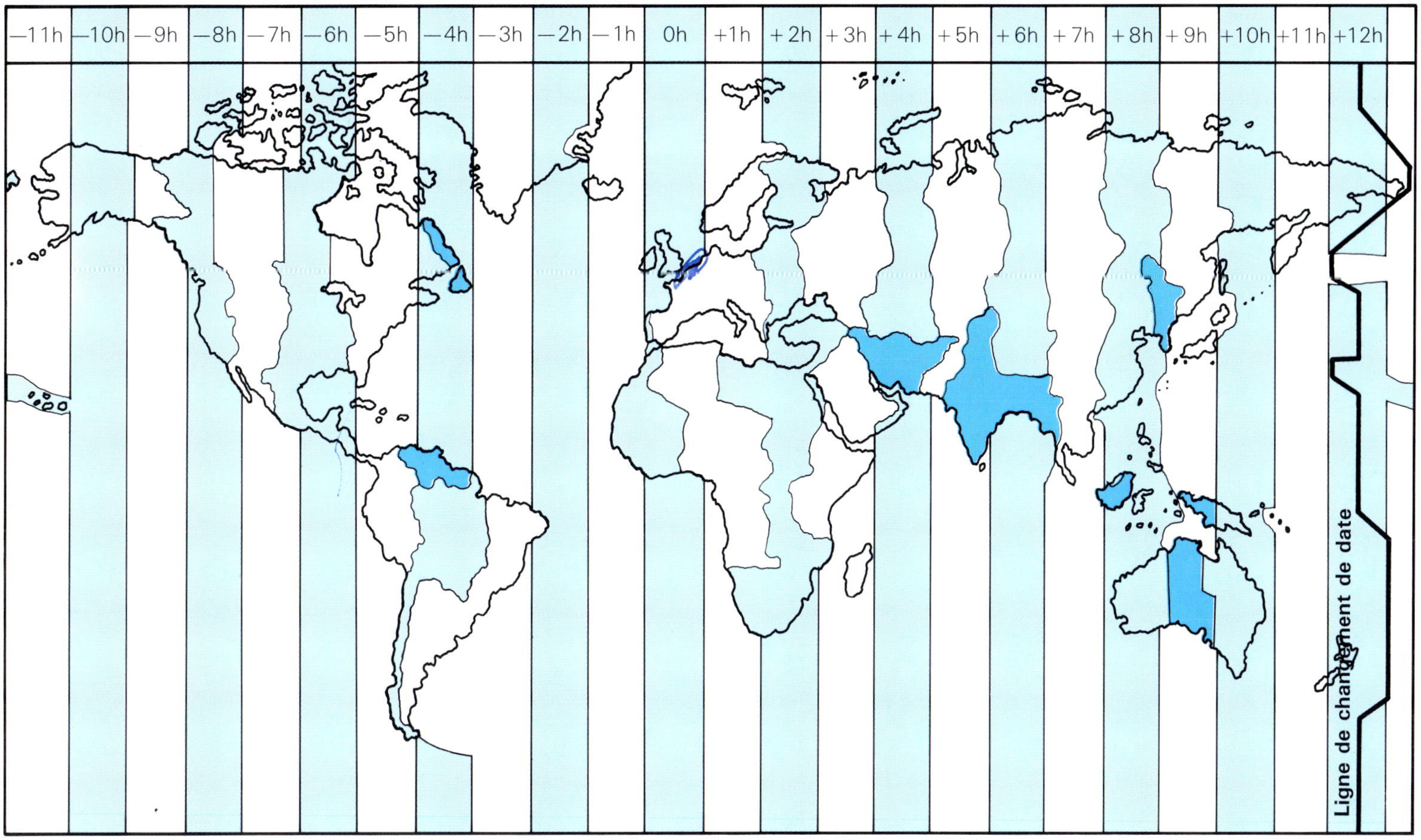


*Les hommes ont divisé la carte du monde en 24 fuseaux horaires.*

## L'heure n'est pas partout la même

Lorsqu'il fait jour chez nous, c'est la nuit de l'autre côté de la Terre. C'est pourquoi notre heure est différente de celle des Asiatiques, par exemple. Comme la Terre tourne de gauche à droite, il fait toujours plus clair à l'est de notre position. Pendant que nous sommes encore bien au chaud dans notre lit, en Asie, on travaille depuis longtemps d'arrache-pied. Le jour est toujours plus avancé à l'est d'où nous nous trouvons. Pourtant, chaque coin sur Terre ne dispose pas de sa propre heure. Ceci causerait trop de problèmes. Imaginons que ta grand-mère habite dans l'est du pays et toi, dans l'ouest. Vos montres seraient décalées de quelques minutes! Ce ne serait pas commode. C'est pourquoi les hommes ont créé les fuseaux horaires. Au sein d'un même fuseau, l'heure est partout pareille. La plus grande partie de l'Europe se trouve dans le même fuseau horaire, le ''fuseau d'Europe Centrale''. Dès lors, il est la même heure à Berlin, à Amsterdam ou à Anvers. Les méridiens ont été utilisés pour l'installation des fuseaux horaires. Le méridien zéro, qui passe par Greenwich, est le plus important. Les hommes ont décrété que lorsque le Soleil est exactement à la perpendiculaire de Greenwich, il est midi. Tous les 15 méridiens à l'est, on rajoute une heure. Ainsi, Londres se situe dans un fuseau à l'ouest du fuseau d'Europe Centrale. Lorsqu'il est deux heures à Bruxelles, il est une heure à Londres. Tu constates qu'il y a 24 fuseaux horaires. Ce qui équivaut au nombre d'heures dans un jour.

### L'HEURE D'ÉTÉ ET L'HEURE D'HIVER

Tu as certainement entendu parler de l'heure d'été ou de l'heure d'hiver. Chaque année, au printemps, les horloges sont avancées d'une heure. Il s'agit de l'heure d'été. En automne, on recule les aiguilles d'une heure. Il s'agit de l'heure d'hiver. Sais-tu pourquoi? En été, le jour se lève très tôt. Or, les gens sont encore au lit. C'est dommage! c'est pourquoi on a pensé à avancer d'une heure en été. Lorsque tu te lèves, il fait jour et le soir, tu jouis d'une heure de lumière supplémentaire. Ceci permet de rester plus longtemps dehors. D'épargner de l'énergie aussi, car les lampes sont allumées une heure en moins. En hiver, les horloges sont retardées d'une heure. Sans quoi, les matinées seraient longtemps plongées dans l'obscurité!

## Qu'est-ce que la ligne de changement de date?

A l'opposé du méridien de Greenwich, de l'autre côté de la Terre, se trouve la ligne de changement de date. Sur la carte, cette ligne est représentée par un gros trait. C'est à partir de cette limite qu'un nouveau jour commence. Si tu te déplaces vers l'est, tu es un jour plus tôt. La différence est de 24 heures! Cela signifie que si, par exemple, le jeudi 21 décembre, tu prends l'avion dans l'est de l'Union Soviétique pour aller en Alaska, aux Etats-Unis, tu arriveras le mercredi 20 décembre! C'est étrange, mais imagine la situation suivante. En Europe, nous sommes un mardi midi. A l'ouest de l'Europe, il fait encore nuit noire. Le mardi doit encore venir. Et à l'est de l'Europe, c'est aussi la nuit. Là, le mardi est déjà presque passé. La ligne de changement de date constitue la séparation entre l'un et l'autre jour.

## Un tour dure 365 jours et six heures

Il est écrit plus haut que la Terre tourne sur son axe. Un autre phénomène se produit. La Terre tourne aussi autour du Soleil. La vitesse de rotation de la Terre est de 100.000 kilomètres à l'heure! 365 jours et six heures sont nécessaires à la Terre pour parcourir le tour du Soleil. Chaque période de 365 jours constitue une année. Une fois tous les quatre ans, nous connaissons une année bissextile, composée de 366 jours. Ainsi sont compensées les six heures supplémentaires mises par la Terre pour tourner autour du Soleil.

## Comment naissent les saisons?

En observant attentivement le globe terrestre, tu remarqueras que l'axe de la Terre est un peu penché. S'il était tout à fait droit, il n'y aurait pas de saisons. Il ferait toujours aussi chaud à l'équateur et aussi froid aux pôles. Mais comme l'axe de la Terre est quelque peu penché, nous connaissons le printemps, l'été, l'automne et l'hiver. Cette inclinaison fait qu'un endroit de la Terre est tantôt rapproché du Soleil, tantôt éloigné. Lorsqu'il est rapproché, il fait plus chaud. C'est alors l'été. Lorsqu'il s'éloigne du Soleil, il fait plus froid. Nous sommes en hiver.

Observons attentivement le dessin page 20. La figure A équivaut au mois de mars. Le Soleil se trouve alors à la perpendiculaire de l'équateur. Sur la Terre entière, les jours ont partout la même durée. C'est le printemps dans l'hémisphère nord et l'automne dans l'hémisphère sud.

La Terre poursuit lentement sa rotation. Le Soleil n'est plus perpendiculaire à l'équateur, mais un peu plus au nord. Dans la figure B, le Soleil est situé exactement à 23,5 degrés de latitude nord. On appelle cette position le tropique du Cancer. Nous sommes en juin. Dans l'hémisphère sud, c'est l'hiver. La nuit y est plus longue. Au pôle Sud, le jour et la nuit sont sombres. Mais comme la Terre continue à tourner, le Soleil ne se situe plus sur le tropique du Cancer. Le Soleil glisse à nouveau vers l'équateur. Dans la figure C, nous

*Grâce à ce tilleul, tu peux clairement voir le contraste entre les quatre saisons: printemps, été, automne et hiver.*

*B. Juin. Le pôle Nord est tourné vers le Soleil. Dans l'hémisphère nord, c'est l'été et dans l'hémisphère sud, c'est l'hiver.*

*A. Mars. Le Soleil se trouve au-dessus de l'équateur. Dans l'hémisphère nord, c'est le printemps et dans l'hémisphère sud, c'est l'automne.*

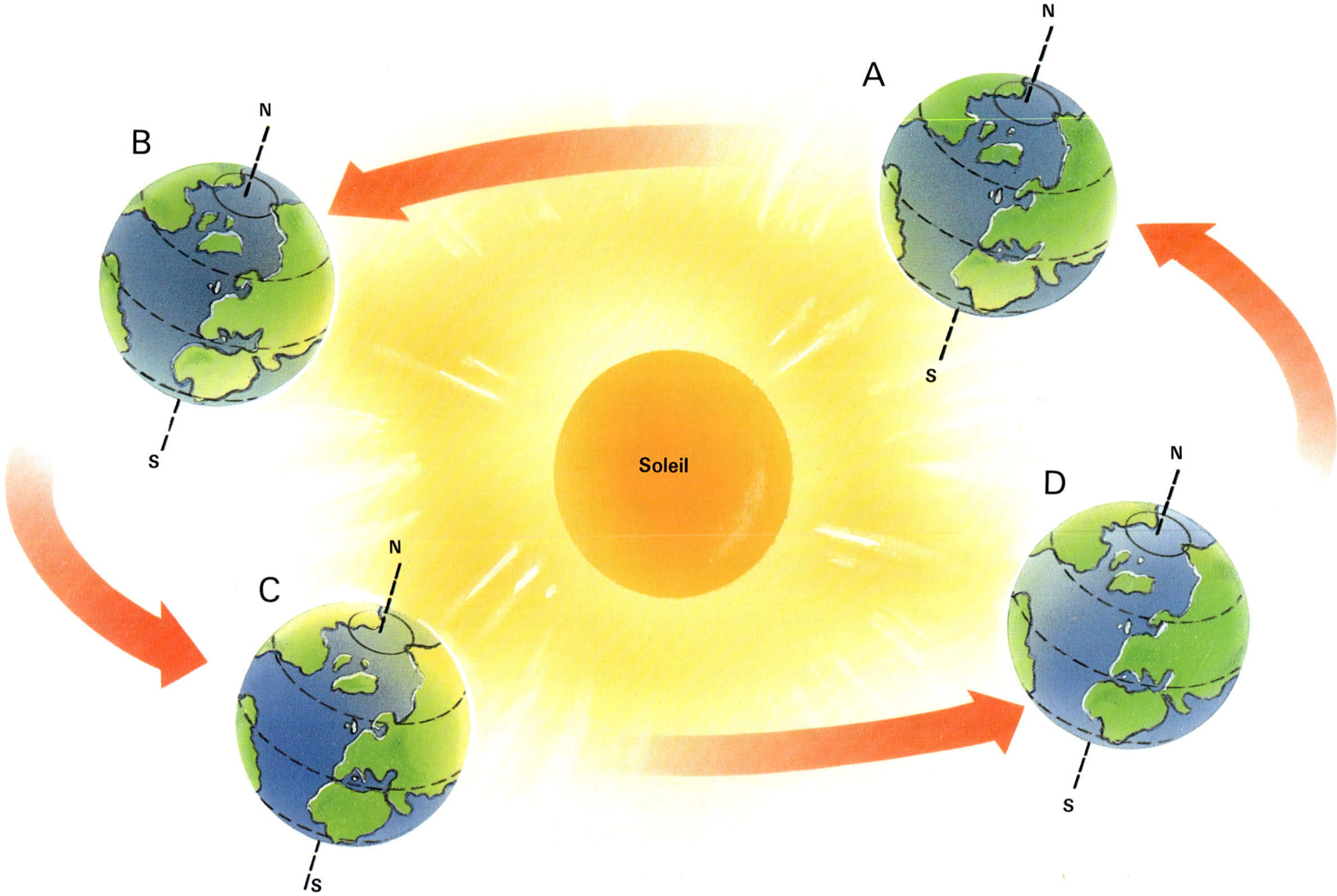


*C. Septembre. Le Soleil se trouve à la verticale de l'équateur. Dans l'hémisphère nord, c'est l'automne et dans l'hémisphère sud commence le printemps.*

*D. Décembre. Le pôle Sud est maintenant tourné vers le Soleil. Dans l'hémisphère nord, c'est l'hiver et dans l'hémisphère sud c'est l'été.*

sommes en septembre. Le Soleil est perpendiculaire à l'équateur. C'est l'automne dans l'hémisphère nord et le printemps dans l'hémisphère sud. Les jours sont partout aussi longs.
La Terre poursuit sa rotation. Le Soleil continue à descendre. Dans la figure D, le Soleil est situé exactement à 23,5 degrés de latitude sud. Cette position s'appelle le tropique du Capricorne. Nous sommes en décembre. L'hémisphère nord est plongé dans l'hiver tandis que l'été resplendit sur le sud. Dans l'hémisphère sud, les jours sont plus longs; dans l'hémisphère nord, ils sont plus courts. Au pôle Nord, la nuit dure même 24 heures alors qu'au pôle Sud, il fait continuellement jour. Ensuite, comme la Terre continue à tourner, nous revenons à la figure A. Une année s'est écoulée.

# Le temps

''Quel temps!'' Voilà une phrase que tu as souvent dû entendre dans la bouche de ta maman, d'un voisin ou d'une tante. Le temps est un sujet de discussion très prisé. Surtout en hiver, lorsqu'il fait très froid et qu'il neige. Et l'été, sous la canicule. De fait, il n'est pas étonnant d'entendre si souvent parler du temps. Chacun est concerné. Dès que tu sors, tu es confronté au temps. Il peut faire froid, chaud, humide, sec; le vent peut être nul ou, au contraire, souffler en tempête. Ces éléments te permettent de savoir directement à quoi t'attendre. La température est une question de chaud ou de froid. Les précipitations et la nébulosité se caractérisent par l'humide et le sec. Vent nul ou de tempête t'indiquent la force du vent. Le temps est donc une combinaison de températures, de précipitations et de vents.

## Comment décrit-on le temps?

Les phénomènes météorologiques n'existent que là où il y a de l'air. Tu crois peut-être qu'il y a de l'air partout, détrompe-toi. Aucune couche d'air n'entoure la plupart des planètes. Cela peut sembler bizarre, mais le temps n'y existe alors pas. La Terre peut se réjouir, elle a une couche d'air, qui constitue une sorte d'épluchure d'environ 30 km d'épaisseur autour du globe. Son nom savant est ''l'atmosphère''. Tu sais à présent que la température, les précipitations et le vent n'apparaissent qu'en présence d'une atmosphère. Comme tu le sais, le temps n'est pas toujours pareil. Un jour, il pleut et la tempête fait rage, alors que le lendemain, le vent est retombé et il fait sec. Nous disons alors que le temps est ''variable''. Le temps n'est pas que variable, il est aussi localisé. Le temps qu'il fait chez toi diffère du temps qu'il fait à quelques centaines de kilomètres au sud ou au nord. Dès lors, le temps peut être défini de la façon suivante: il constitue la combinaison de la température, du vent et des précipitations dans l'atmosphère à un endroit donné, à un moment donné.

*Les touristes recherchent des endroits où le temps est beau.*

## Fait-il chaud?

Lorsqu'en été, il y a 10°C, nous disons qu'il fait très froid. S'il fait 10°C en plein hiver, nous dirons qu'il fait très chaud. La température ne dit donc pas grand-chose sur le temps. Il est en effet nécessaire de connaître la saison et le moment de la journée.
La température se mesure au moyen du thermomètre. Celui-ci se compose d'un petit tube en verre qui contient du mercure ou de l'alcool, substances qui ne gèlent pas facilement. Le mercure ne gèle qu'à −39°C et l'alcool à −117°C! Toute matière se dilate en se réchauffant. C'est-à-dire qu'elle grossit, un peu comme un poêlon de lait sur le feu. En chauffant,

*Le Soleil veille à ce que la Terre soit réchauffée.*

le lait se dilate et si tu n'y prends garde, il déborde! Le mercure et l'alcool du thermomètre se dilatent également. Comme ce dernier est toujours gradué, il est facile de lire la température indiquée. Hélas, cette graduation n'est pas la même pour tous les pays.
Dans la plupart des pays européens, la graduation de Celsius est appliquée. Celsius a établi une graduation où le point de congélation de l'eau correspond à 0 degré et le point d'ébullition à 100 degrés.
Dans d'autres pays, tels que les Etats-Unis, le système de Fahrenheit est en application. Là, le point de congélation de l'eau est à 32°C tandis que le point d'ébullition est noté à 212°C. Il est donc important de savoir quelle graduation est utilisée. Les lettres ''C'' et ''F'' qui suivent le nombre de degrés te renseignent à ce sujet.
Tu auras déjà remarqué qu'une température de, par exemple, 5°C semble plus froide à tel moment qu'à tel autre. Cette différence est due au vent. Plus il souffle fort, plus accentuée est la sensation de froid.

## Comment se mesure la température?

La mesure de la température semble peut-être très simple. Il suffit de pendre un thermomètre, n'est-ce pas? Toutefois, d'autres éléments sont à respecter. Il est ainsi important de savoir où mesurer la température. Le thermomètre ne doit pas être trop près d'une maison ou de tout endroit qui dégage de la chaleur. Sinon, la température ne correspond pas à la réalité. En outre, le thermomètre doit être exposé au vent, il mesure en effet la température de l'air. De plus, il doit être placé à l'ombre car le soleil fait grimper la chaleur en chauffant directement le verre avec ses rayons. Faute de quoi on obtient une mesure faussée.
L'endroit idéal pour placer un thermomètre est un abri météorologique, petite niche de bois blanche sur pieux. Cet abri est pourvu de fentes, afin de laisser pénétrer le vent. Un large toit empêche les rayons directs du soleil. Ce matériel permet une lecture exacte de la température. Outre le thermomètre, on y place aussi divers instruments de mesure du temps.

## Comment la Terre est-elle réchauffée?

La source de chaleur, le foyer, qui chauffe l'air, est le Soleil. Pour notre bonheur, ce foyer est très loin de la Terre. Sinon, il y ferait trop chaud. Le plus fou est que les rayons du Soleil traversent l'atmosphère sans la réchauffer. Les rayons du Soleil ne réchauffent que le sol terrestre. C'est ce dernier qui réchauffe l'air. L'atmosphère est donc réchauffée par le dessous. Le vent fait en sorte que l'air chaud se mélange aux courants froids. Lorsque le vent est nul, l'air ne se mélange pas. A l'ombre, la température demeure très basse, tandis qu'au Soleil, il fait très chaud. Lorsque, le soir, le Soleil se couche, la température tombe. La chaleur de la Terre s'échappe dans l'atmosphère. Plus tu t'approches du sol, plus il fait froid. Lorsque la nébulosité est abondante, la température baisse moins vite. Les nuages

retiennent le dégagement de chaleur, tout comme une couverture.
Lorsque la nuit est étoilée, une grande quantité de chaleur s'échappe. Dès lors, une telle nuit sans nuages connaît de grands écarts entre la température au sol et celle mesurée à quelques mètres de hauteur.
Lorsqu'il gèle au sol sans geler un peu au-dessus, on parle de gelée nocturne. Comme la température varie en fonction de la hauteur, il a été convenu que la température doit être mesurée à 1,5 mètre du sol.

## Les précipitations

La plupart des gens n'aiment pas qu'il pleuve. Ils disent alors qu'il fait ''un temps de chien''.
Cela se comprend dans un pays où les précipitations sont abondantes. Par contre, là où il pleut peu, c'est la fête lorsque la pluie tombe. Celle-ci permet en effet la croissance des arbres et des plantes.
La pluie est une forme de précipitation. Il en existe d'autres, telles que la grêle, le verglas, la pluie glacée et la neige.

*Lorsque les nuages touchent la Terre, il y a du brouillard.*

*Il fait moins froid la nuit, lorsqu'il fait nuageux. La couche de nuages garde la Terre chaude.*

## L'eau est suspendue dans l'air

L'atmosphère contient de l'eau issue de l'évaporation des océans sous l'effet de la chaleur solaire. Parfois, cette eau est invisible. On parle alors de vapeur d'eau.
Lorsqu'elle est visible, l'eau se présente sous la forme de fines gouttelettes.
Lorsque, là-haut dans le ciel, il fait très froid, les gouttelettes gèlent pour constituer des cristaux de glace si légers qu'ils restent en suspension dans l'atmosphère.
Lorsqu'elles se rassemblent, ces gouttelettes forment des nuages. Le plus souvent, ceux-ci restent très haut dans le ciel. Le vent pousse alors les nuages vers l'avant sur de très longues distances. Parfois, certains sont au ras du sol et, lorsque leur partie inférieure touche la Terre, on parle de brouillard.
Lorsque ce dernier est très épais, on peut même voir les gouttelettes en suspension, ou, lorsqu'il gèle, de très petits cristaux de glace.

*Dans le lointain, tu peux voir se préparer une pluie ou une averse de grêle comme un rideau que l'on ferme.*

## Pourquoi l'eau du ciel tombe-t-elle?

Mais pourquoi la pluie tombe-t-elle à certains moments et à d'autres pas? En fait, tout est dû au poids des gouttelettes qui varie. Lorsqu'elles sont légères, ces gouttelettes restent en suspension. Mais lorsqu'elles s'amoncellent dans un même nuage, elles s'agglutinent; ce qui augmente le poids des gouttes. A un certain moment, elles sont devenues si lourdes qu'elles tombent. Ainsi naît une précipitation.

## Pluie, neige, pluie glacée et verglas

L'air de l'atmosphère est le plus souvent très froid. Si froid que les gouttes sont gelées. Lorsqu'à la surface de la Terre, il gèle aussi, les précipitations se font sous forme de neige. Lorsqu'il ne gèle pas, nous avons droit à la pluie. D'autres formes de précipitations existent également. En altitude, il fait chaud et il ne gèle pas. Par contre, il gèle au sol. Lorsque la précipitation se déclenche, une pluie tombe dans l'air, mais, à proximité du sol, elle gèle. On obtient ainsi la pluie glacée. Tombent alors de petits cristaux solides qui frappent contre les fenêtres, tout comme la grêle. Le verglas est une forme de précipitation qui ressemble à la pluie glacée. L'air doit également être plus chaud en altitude qu'au sol. Toutefois, la couche d'air froid est si mince que la pluie n'a pas le temps de geler. Par contre, une fois en contact avec le sol, l'eau se met à geler. Il fait alors très glissant. Tu comprends le danger que représente une précipitation telle que le verglas pour la circulation. Que l'on soit en hiver ou en été, il peut parfois tomber une averse de grêle. Les grêlons sont des

**COMMENT NAÎT UN ORAGE**

Un orage donne souvent lieu à des pluies torrentielles. Les nuées peuvent être violentes au point de déverser autant d'eau qu'il n'en tombe normalement en un mois. Jadis, les gens croyaient que les orages étaient un signe de la colère des dieux. Le tonnerre constituait leur voix et les éclairs étaient le reflet de leurs épées. Actuellement, nous savons que les orages sont des décharges électriques dans les nuages. Il suffit de faire le rapprochement avec une pile. Celle-ci comporte un côté marqué d'un plus, appelé borne positive et un côté marqué d'un moins, appelé borne négative. Les nuages peuvent également avoir une charge positive ou négative. Aucun problème ne surgit s'ils sont tous positifs ou négatifs. Par contre, il en va différemment si des nuages ayant une charge positive en croisent d'autres avec une charge négative. Applique les extrémités d'une pile l'une contre l'autre. Tu entendras un crépitement et des étincelles jailliront. Le même phénomène se produit dans le ciel. Tu observes un éclair rapide et tu entends un grondement assourdissant. Le plus souvent, celle-ci se produit entre deux nuages. L'éclair va alors de gauche à droite ou vice versa. On assiste parfois à des décharges entre un nuage et la Terre. Les éclairs vont alors de bas en haut et représentent un danger pour les hommes et les animaux.

gouttes d'eau gelées. Etant donné que le vent est habituellement fort durant une averse, les grêlons accomplissent un parcours étrange. Ils commencent à tomber vers le bas mais ensuite, ils sont repoussés vers le haut. Un grêlon peut subir ces changements de direction plusieurs fois avant d'être soufflé vers le sol. Entre-temps, le grêlon est devenu bloc de glace, qui finit sa course sur le sol. Il est à espérer qu'il n'a atteint personne. On a déjà ramassé des grêlons aussi gros qu'une balle de tennis!

## Comment se mesurent les précipitations?

Tu te demandes peut-être comment il est possible de mesurer le volume d'une précipitation. A cette fin, on utilise un pluviomètre, qui récolte l'eau au moyen d'une sorte d'entonnoir. Ce dernier surmonte une bouteille graduée en millimètres (10 mm = 1 cm). A l'instar des températures, qui, elles, sont mesurées en degrés Celsius ou Fahrenheit, les précipitations se mesurent en millimètres. Aux Pays-Bas et en Belgique, il tombe environ 750 mm d'eau par an. Ceci signifie que si l'eau ne s'écoulait pas dans le sol, le pays serait recouvert d'une couche d'eau de 75 cm après un an. Tu devrais aller à l'école en bateau! Tu penses peut-être que notre pays est soumis à beaucoup de précipitations. En comparaison avec certains pays, tu te trompes. Il existe ainsi un endroit en Asie où il pleut véritablement à seaux! En un mois, il peut tomber jusqu'à 2.600 mm d'eau. C'est quarante fois plus que chez nous!
Au fait, savais-tu que dans nos régions nous jouissons chaque année, en moyenne, de 125 jours sans précipitations?

## Quelle est la force du vent?

Es-tu déjà sorti pendant une tempête? Si tu as le vent dans le dos, tu as l'impression que quelqu'un te pousse violemment. Par contre, si tu l'as de face, c'est beaucoup moins agréable. Tu peines

*Au littoral, il y a souvent beaucoup de vent.*

pour avancer. D'autant plus que, souvent, il pleut aussi. Les gouttes de pluie te giflent le visage, tu pourrais à peine t'imaginer la force que peut avoir le vent. Par temps de tempête, il lui arrive de déraciner des arbres! Si tu es en mer, tu risques ta vie. Les vagues peuvent atteindre la taille d'une maison. Aussi bizarre que cela puisse paraître, le lendemain, le vent peut être si calme qu'aucune feuille ne bruisse dans les arbres.
Il est important de prévoir la force du vent, surtout pour les marins, mais aussi pour les pilotes d'avion et les paysans. C'est pourquoi les bulletins météo indiquent toujours la force du vent. Le journaliste parle de ''vent modéré'' lorsqu'il ne souffle pas fort. Un échelon plus haut, il parle de ''vent fort'', qui deviendra ''orageux'' et se terminera en ''tempête''. Toutefois, ces indications restent floues pour ceux qui ont besoin d'une prévision précise de la force du vent. C'est pourquoi, au siècle dernier, quelqu'un a chiffré la force des vents. Ce monsieur s'appelait Beaufort. Il a établi 13 graduations: de 0 à 12. Sur l'échelle de Beaufort, 0 équivaut au calme plat; 12 correspond à l'ouragan, tempête très violente. L'échelle de Beaufort est tellement connue qu'elle est utilisée dans le monde entier. Ci-dessous, un tableau t'indique les différentes forces de l'échelle de Beaufort.

L'ECHELLE DE BEAUFORT

| | | |
|---|---|---|
| 0 | calme | fumée verticale |
| 1 | faible | fumée en diagonale |
| 2 | faible | feuilles agitées |
| 3 | modéré | feuilles et branches agitées |
| 4 | modéré | papiers et poussière s'envolent |
| 5 | assez fort | petits arbres plient |
| 6 | fort | grandes branches agitées |
| 7 | grand frais | arbres agités en entier |
| 8 | coups de vent | branches cassées |
| 9 | tempête | tuiles s'envolent |
| 10 | forte tempête | arbres déracinés |
| 11 | très forte | dégâts étendus tempête |
| 12 | ouragan | destruction |

QU'EST-CE QU'UN TOURBILLON

Pendant une forte averse, le vent peut souffler violemment. Parfois, il peut accomplir de drôles de prouesses. Par exemple, il forme un rond. De loin, tu peux alors voir un long tuyau suspendu à un nuage. On parle dans ce cas de tourbillon. Ce phénomène peut également se produire sur l'eau. Un tourbillon peut être très dangereux. Les arbres, les toitures, les autos, rien n'est à l'abri d'un tel phénomène. Son temps d'apparition peut être très court. Dans notre pays, on dénombre en moyenne dix tourbillons par an.

## Comment se mesure la vitesse du vent?

La vitesse du vent se mesure au moyen d'un anémomètre. Il s'agit d'une sorte de petit moulin qui tourne avec le vent. Plus ce dernier sera fort, plus le petit moulin tournera vite. La vitesse du vent est exprimée en mètres par seconde. Un vent de force 4 sur l'échelle de Beaufort correspond à environ 6 mètres par seconde (soit 25 km/heure). Un vent de force 9 (tempête) équivaut à 22 mètres par seconde, soit près de 80 km/heure! Un vent de force 12 se déplace à une vitesse de 32 mètres par seconde, ce qui correspond à plus de 120 km/heure!

## D'où vient le vent?

Dans l'étude du vent, il n'y a pas que la force qui soit importante. La provenance constitue également un élément primordial.
Le vent emporte en effet l'air de la région d'où il prend naissance. Dans le cas d'un vent du nord, l'air provient de Scandinavie ou même du pôle Nord. Il s'agit le plus souvent d'un vent froid. L'hiver, il gèle. Lorsqu'il s'agit d'un vent du sud, l'air provient de France ou d'Espagne, parfois même d'Afrique! Comme il fait habituellement

*Lors d'une tempête, même des arbres grands et forts doivent céder devant la force de la nature.*

chaud dans ces pays-là, notre pays est ainsi également réchauffé.
Un vent d'ouest est synonyme de temps humide. Ceci est compréhensible, puisque l'air a survolé l'océan assez longtemps. Il pleut alors facilement. En été, le vent d'ouest amène la fraîcheur. En hiver, il adoucit la température. En règle générale, il ne gèle pas lorsque souffle le vent d'ouest.
Le vent d'est amène des courants d'Europe orientale, où l'hiver est froid et l'été est chaud. Dès lors, un vent d'est apporte le beau temps en été et le froid en hiver.

## Comment se mesure la direction du vent?

La direction du vent se ''mesure'' au moyen d'une girouette. Tu peux en voir sur le clocher des églises. Souvent, elles sont décorées d'un beau coq doré qui surplombe villes et villages...En fait, une girouette est une rose des vents surmontée d'une flèche pouvant tourner dans toutes les directions. Lorsque la flèche indique l'ouest, cela signifie que le vent souffle d'est en ouest. Lorsqu'il s'agit d'un coq doré, la flèche a disparu; c'est alors la queue qui indique l'ouest.

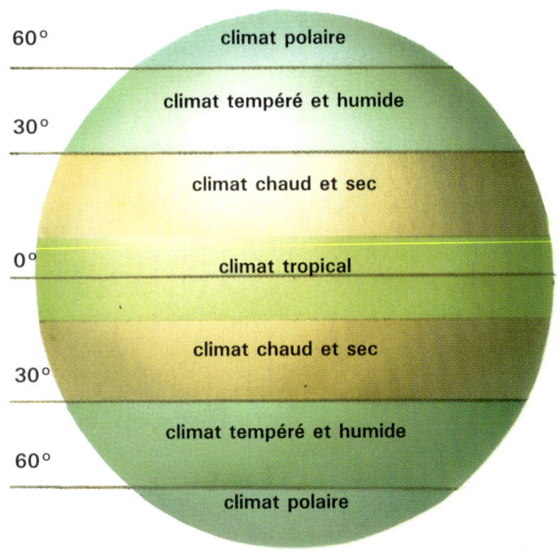


CLIMATS

*La Terre est divisée en différentes zones climatiques. Nos régions bénéficient d'un climat tempéré et humide.*

## Qu'est-ce que le climat?

Tu sais à présent ce que nous entendons par l'expression ''le temps''. Celui-ci est variable selon les régions et les saisons.
Parfois il gèle, parfois il dégèle. Le temps qu'il fait à tel moment ne permet pas de faire des prévisions à plus long terme. S'il fait froid un jour, cela ne signifie pas nécessairement qu'il fait toujours froid. Pour savoir quel temps il fait habituellement dans tel pays, il faut consulter les moyennes météorologiques. Celles-ci ont un autre nom, le ''climat''.
Un climat froid signifie qu'il fait la plupart du temps froid. Toutefois, il peut à certains moments faire chaud. L'appréciation du climat d'un pays se révèle être une tâche ardue. Des spécialistes doivent relever année après année la température journalière, les précipitations, la force des vents et leur direction.
Ainsi sont calculées les moyennes de température, de précipitations, de force et de direction des vents. Il faut quelques années avant d'obtenir une moyenne fiable. Une année d'observation du temps n'est pas suffisante. Il est possible en effet qu'il fasse chaud, froid, humide ou sec de façon fortuite.

## Par quoi le climat est-il déterminé?

Nous savons qu'il existe des climats différents. Ils peuvent être froids, secs, chauds ou humides. Mais pourquoi y a-t-il différents types de climats? Nous devons en premier lieu savoir si nous sommes à proximité de l'équateur, du pôle Nord ou du pôle Sud. Nous appelons cette position la latitude. Aux pôles, il fait froid; à l'équateur, il fait chaud. L'altitude du pays est également importante. Il fait si froid au sommet d'une montagne que la neige persiste en été. Finalement, l'océan joue également un rôle important puisqu'à sa proximité, il fait rarement très chaud ou très froid. L'océan veille au maintien d'un climat tempéré. A l'intérieur des terres, les variations de température sont plus sensibles. Abordons en premier lieu la latitude.

## Qu'est-ce que la latitude?

La différence est grande entre un pays situé à proximité de l'équateur et un autre proche du pôle Nord. Le chapitre 1 t'a déjà renseigné sur les parallèles. La plupart du temps, les pays dont la latitude est élevée sont des pays froids, à l'inverse des pays à latitude basse. Observe les différentes zones climatiques de la Terre (illustration). Celle-ci est coupée en deux par l'équateur. Un climat tropical entoure ce dernier. Il n'y a pas de différence entre l'hiver et l'été. Il y fait continuellement chaud. Il y pleut abondamment. L'humidité et la chaleur génèrent un effet de serre, qui fait que les arbres et les plantes croissent fort. Ainsi s'explique l'existence des forêts vierges, aussi appelées forêts tropicales.
Plus au nord (hémisphère nord) et au sud (hémisphère sud), le climat devient plus sec. Le temps reste chaud. Les plantes et les arbres y croissent moins facilement. Dans certaines régions, il fait si chaud que seule l'herbe pousse, à l'exception de l'un ou l'autre arbre isolé. On appelle ces contrées des steppes. Lorsque les

## PEUT-ON VIVRE DANS LE DÉSERT?

Très peu de gens vivent dans le désert. La rareté de l'eau et la quasi-absence de plantes rendent la nourriture presque inexistante. La plupart des êtres humains vivant dans le désert sont nomades. C'est-à-dire qu'ils n'ont pas de maison. Ils sont constamment en route. Les nomades vivent dès lors dans des tentes. Ils sillonnent le désert avec leurs chameaux, moutons et chèvres à la recherche de pâturages pour les troupeaux. Lorsque l'herbe a été totalement broutée, ils partent plus loin. Le chameau est un véritable animal du désert. Ses pattes sont posées sur des coussinets qui le protègent du sable brûlant. De plus, un chameau peut rester très longtemps sans boire ni manger. Les bosses de son dos sont remplies de graisse qu'il utilise en période de pénurie. Lorsque la réserve de graisse est épuisée, les bosses devenues flasques pendent. Il est alors temps de se ravitailler. Il existe aussi des chameaux à une bosse: les dromadaires, qui résistent encore mieux à la soif. Les chameaux sont très importants pour les nomades. Lorsque ceux-ci changent de campement, ce sont les chameaux qui transportent le matériel sur leur dos. Les chamelles procurent le lait quotidien, comme les vaches chez nous. Avec les poils, on tisse des bâches de tente ou des vêtements. La peau sert à fabriquer des sacs et des outres. Même les crottes du chameau sont utilisées. Elles sont séchées au soleil et jetées le soir dans un grand feu, sur lequel les nomades cuisinent.

**PEUT-ON VIVRE AU PÔLE NORD?**

Il est à peine imaginable que des êtres humains puissent vivre au pôle Nord. Et pourtant, un peuple y habite depuis des milliers d'années: les Esquimaux. Ils ont trouvé comment faire pour survivre à la neige, à la glace et au froid. Jadis, les Esquimaux vivaient exclusivement de la pêche et de la chasse. Ils parcouraient les territoires enneigés sur des traîneaux souvent tirés par des chiens. Certains Esquimaux n'avaient pas de domicile fixe. Ils allaient de région en région. Ils dormaient sous des tentes ou dans des igloos, huttes faites de gros blocs de neige rectangulaires. Il fallait vingt minutes à un bon bâtisseur de igloo pour mener sa tâche à bien. A l'intérieur, il régnait une douce chaleur. Parfois, les parois étaient couvertes de peaux afin d'éviter que l'igloo ne fonde de l'intérieur! Actuellement, la vie des Esquimaux a bien changé. La plupart d'entre eux vivent dans des maisons de bois bien isolées du froid et reliées au réseau électrique. L'équipement intérieur y est moderne. La plupart des Esquimaux vivent toujours de la pêche. D'autres travaillent dans des mines ou des stations météorologiques.

arbres sont plus nombreux, on parle d'une savane. Cette zone connaît également des régions où il pleut rarement ou, du moins, seulement quelques semaines par an. Ces endroits, où l'on ne rencontre que du sable et des rochers, sont peu favorables à la croissance des plantes. Ce sont des déserts.
Continuons en direction des pôles pour atteindre les régions dites tempérées. Il y fait constamment humide et la température moyenne n'est plus aussi élevée. On y observe une très grande différence entre l'hiver et l'été. Ces régions sont peuplées de feuillus et d'épineux. Les feuillus sont des arbres tels que le chêne, le hêtre et le bouleau. Pour résister à l'hiver, ils se dépouillent de leurs feuilles. Plus on se dirige vers le nord (hémisphère nord) ou vers le sud (hémisphère sud), plus le climat se refroidit. Ne subsistent alors que les épineux, arbres tels que le sapin et le mélèze, qui résistent mieux que les feuillus aux hivers rudes. En se dirigeant toujours vers les pôles, les arbres disparaissent pour laisser la place à l'herbe. Le sol est en permanence gelé, seule la couche supérieure dégèle un peu en été. Les fleurs sortent alors de terre en très peu de temps. Ce type de région est appelé la toundra.
Nous voici finalement aux pôles. Il y fait si froid hiver comme été que la neige et la glace subsistent en permanence. Nous sommes ici dans un climat polaire.

## Pourquoi fait-il froid au pôle Nord?

Tu te demandes certainement pourquoi il fait si chaud à l'équateur et si froid au pôle Nord. Si la Terre était plate, le même climat règnerait partout. Malheureusement, elle est ronde, si bien qu'il n'y a que dans la région équatoriale que le Soleil brille à la perpendiculaire. C'est pourquoi l'ombre disparaît à la moitié du jour! Sur le reste de la Terre, les rayons du soleil brillent en oblique. Dès lors, plus tu t'éloignes de l'équateur, plus les rayons sont obliques. Cette inclinaison est déterminante pour la température. Prends une lampe de poche. Si tu la diriges la tête en bas, tu observeras un faisceau lumineux petit mais brillant. Par contre, si tu la diriges en oblique, le faisceau sera non seulement plus large mais aussi plus terne. Il en va de même avec le Soleil. Des rayons solaires obliques éclairent faiblement une grande superficie. La chaleur dégagée est donc faible. Des rayons solaires perpendiculaires à la Terre ne frappent qu'une petite superficie, avec toutefois une force plus vive, qui procure beaucoup de chaleur! Tu comprends à présent pourquoi il fait beaucoup plus froid aux pôles qu'à l'équateur!

## Comment naît le vent?

Les rayons solaires dégagent une température différente sur la Terre. A son tour, ces différences donnent naissance au vent. Te souviens-tu de l'exemple du poêlon de lait? Le lait se dilate en chauffant. Il peut même monter. Lorsque le Soleil

brille,un phénomène semblable se produit avec l'air. La chaleur provoque sa dilatation, ce qui occasionne un excédent d'air à un certain endroit. A l'instar du lait qui monte dans le poêlon, l'air s'élève, ce qui provoque une diminution du volume d'air à l'endroit précité.
En termes plus compliqués: la pression exercée par l'air sur la Terre décroît. On se situe alors dans une zone de basse pression, également appelée dépression.
Dans une telle zone, l'air est donc en ascension. A une certaine altitude, l'excédent est résorbé. A proximité du sol, une zone de basse pression aspire l'air. Il ne conviendrait pas, en effet, que seul l'air d'une basse pression s'échappe! Nous nous en retrouverions très rapidement dépourvus! D'où provient donc cet air de la basse pression? Peut-être devines-tu déjà la réponse? L'air va et vient de zones de haute pression. A proximité du sol, l'air passe d'une haute pression à une basse pression. L'inverse se produit en altitude. Ainsi naissent les déplacements d'air, aussi appelés vents.

*Dans un anticyclone, les nuages disparaissent peu à peu.*

## Le vent en zones de haute et de basse pression

Tu sais à présent que le vent passe à la surface de la Terre d'une zone de haute pression à une zone de basse pression. Mais étant donné que la Terre tourne, la direction des vents est quelque peu déviée.
Dans l'hémisphère nord, cette déviation va vers la droite; dans l'hémisphère sud, elle va vers la gauche. C'est pourquoi, dans l'hémisphère nord, l'air d'une zone de haute pression tourne dans le sens des aiguilles d'une montre. Dans une zone de basse pression, il tourne dans le sens inverse.
Les zones de haute et de basse pression marquent le temps de leur empreinte. La haute pression est souvent synonyme de temps sec et ensoleillé. La basse pression, quant à elle, amène le mauvais temps avec ses nombreuses précipitations. Ceci s'explique. Tu sais désormais que, dans une zone de basse pression, l'air s'élève. Or, il fait toujours plus froid en altitude qu'au sol. Quand l'air monte, il se refroidit. En outre, il est un fait que l'air froid ne peut retenir autant d'humidité que l'air chaud. C'est pourquoi les nuages se forment rapidement, entraînant avec eux la pluie ou, lorsqu'il gèle, la neige.
L'inverse se produit dans une zone de haute pression. Comme l'air y descend, il se réchauffe. Or, l'air chaud peut retenir plus d'humidité que l'air froid. Progressivement, les nuages se dissipent, laissant la place à un temps sec et beau.
Les zones de haute et basse pression alternent entre elles. Certaines régions sont plus fréquentées par des zones de haute pression, d'autres par des zones de basse pression.
A proximité de l'équateur, cette ligne qui coupe la Terre en deux demi-sphères égales, les zones de

basse pression dominent. A midi, le Soleil se situe à l'exacte perpendiculaire de la Terre. C'est pourquoi il y fait très chaud tous les jours, hiver comme été.
Comme la chaleur est toujours très forte, l'air est en perpétuelle dilatation, ce qui provoque la présence constante d'une zone de basse pression, synonyme de pluies fréquentes. C'est là que se trouvent les forêts tropicales.
Au nord et au sud de l'équateur, on trouve une zone de haute pression. Il y fait chaud et sec. Il n'est donc pas étonnant d'y retrouver les déserts, les steppes et les savanes!
Succède ensuite une zone principalement de basse pression, où il pleut et neige souvent. On l'appelle la zone tempérée.
Le pôle Nord et le pôle Sud connaissent, quant à eux, principalement des zones de haute pression; il y fait donc froid et sec.

*Près de l'équateur, on trouve des forêts tropicales.*

## Qu'est-ce que l'altitude?

Il n'y a pas que la latitude qui détermine le climat. L'altitude est aussi importante. Prends l'exemple des montagnes. En hiver comme en été, leurs sommets restent garnis d'une épaisse couche de neige, alors que dans la vallée, la chaleur est étouffante. Il existe même des sommets enneigés à proximité de l'équateur! Peut-être en as-tu déjà vu sur des photos. La neige qui couvre le sommet des montagnes est appelée ''neige éternelle''. Cette dénomination n'est toutefois pas correcte. Tu en trouveras l'explication ci-après.

## Plus on monte, plus il fait froid

Voyons d'abord comment les montagnes peuvent influencer le climat. On a en premier lieu une variation de température. Plus on monte, plus il fait froid. Ceci semble étrange car on s'approche pourtant du Soleil, n'est-ce pas?
Au début de ce chapitre, tu as pu lire que la Terre est chauffée du dessous. Les rayons solaires traversent premièrement l'air sans dégager de chaleur. Ils touchent ensuite la Terre qu'ils réchauffent. L'air au-dessus du sol est progressivement réchauffé par le dessous. Voilà pourquoi il fait plus froid lorsqu'on prend de l'altitude. La température baisse de quelque 6°C tous les 1.000 mètres. Lorsque tu sauras que les montagnes les plus hautes d'Europe dépassent les 4.000 mètres, tu pourras calculer la température qui peut sévir sur les sommets. 4×6 degrés = 24 degrés de différence!
Savais-tu par ailleurs qu'il est pénible de mesurer la hauteur d'une montagne? Car où se situe exactement l'altitude 0 mètre? L'homme a décidé que le niveau de la mer correspondrait précisément à l'altitude 0. C'est pourquoi cette altitude est appelée le ''niveau de la mer''. Mais lorsque tu sais ce à quoi 0 mètre correspond, il n'est plus si difficile de calculer l'altitude d'une montagne.

*Le Chimborazo (6 267 m) se situe dans les Andes. Les plus hauts sommets sont recouverts de neige éternelle.*

## Plus on monte, moins la pression atmosphérique est élevée

Il n'y a pas que la température qui descend lorsqu'on prend de l'altitude; la pression atmosphérique aussi. Celle-ci constitue la quantité d'air qui pèse sur la Terre. Plus on monte, plus la masse d'air est mince, ce qui diminue la pression atmosphérique. On dit aussi que l'air se raréfie. Les alpinistes à l'assaut de sommets élevés doivent d'ailleurs parfois s'équiper de masques à oxygène. A haute altitude, l'air peut être si rare qu'il est impossible de respirer convenablement.

## Plus on monte, plus il fait humide

Les montagnes ont aussi une influence sur les précipitations. Plus on monte, plus les précipitations sont importantes. Tu as déjà pu lire dans ce chapitre comment naît la pluie. Plus les nuages montent, plus il fait froid. Or, l'air froid retient moins bien l'humidité que l'air chaud. C'est pourquoi il se met à pleuvoir.
En temps normal, l'air ne monte que dans une zone de basse pression. Mais lorsque les nuages se heurtent aux montagnes, ils s'élèvent toujours plus haut. A un moment donné, il se met à pleuvoir. Ce phénomène est appelé ''pluie d'ascendance''. Naturellement, lorsqu'il gèle, il ne pleut pas, il neige. En hiver, les montagnes peuvent connaître de nombreuses chutes de neige. Comme il fait froid, celle-ci ne fond pas. C'est pourquoi, à la fin de l'hiver, une épaisse couche de neige recouvre parfois les régions montagneuses. Cette couche peut atteindre plus de 3 mètres!

## A altitude différente, climat différent

Tu sais à présent que les précipitations, la température et la pression atmosphérique peuvent changer en fonction de l'altitude. En région montagneuse, celle-ci peut différer fortement. Une vallée se trouvant à 500 mètres d'altitude peut être surmontée de sommets s'élevant à 5.000 mètres au-dessus du niveau de la mer. Les variations d'altitude génèrent dès lors une grande variété de climats dans une zone restreinte. On peut ainsi connaître un climat tropical dans la vallée, alors qu'un climat polaire régit les sommets, à une distance de quelques kilomètres seulement! Cette situation diverge totalement de celle rencontrée dans les zones climatiques de la Terre, qui sont séparées par des milliers de kilomètres. Regarde l'illustration. Une montagne y est dessinée, qui s'élève dans la zone de l'équateur. Au niveau de la mer, au pied de la montagne, on retrouve une forêt tropicale. Il y fait très chaud et humide. Si tu entreprends l'ascension de la montagne, la température descendra de 0,6°C tous les cent mètres. Les variétés d'arbres et de plantes qui croissent sur les versants changent peu à peu. A un certain moment, tu atteins les forêts de feuillus. La température s'est déjà considérablement refroidie. Si tu continues à monter, tu rejoins la zone des épineux. Arrivé à une certaine altitude, il fait trop froid pour que les arbres survivent. Tu dépasses ensuite la limite des arbres. Ici ne croissent plus que des buissons. Le sommet est encore loin. Suivent ensuite les pâturages, tout comme dans la toundra. A un certain moment, même l'herbe a disparu. Tu marches alors sur des rochers dénudés, jusqu'à ce que tu foules la neige. Tu auras ainsi atteint la limite des neiges, mais pas encore le sommet. Au-delà de cette limite, la neige persiste aussi bien l'hiver que l'été. Il y sévit un climat polaire, alors que tu te trouves à proximité de l'équateur!

## Où se situent les montagnes?

Il n'y a pas que l'altitude des montagnes qui détermine le climat. Leur situation géographique joue également un rôle important. Prenons par exemple les montagnes de Norvège et de Suède.

*Sur une haute montagne, tu peux retrouver pratiquement toutes les formes de climats, des forêts tropicales jusqu'à la neige.*

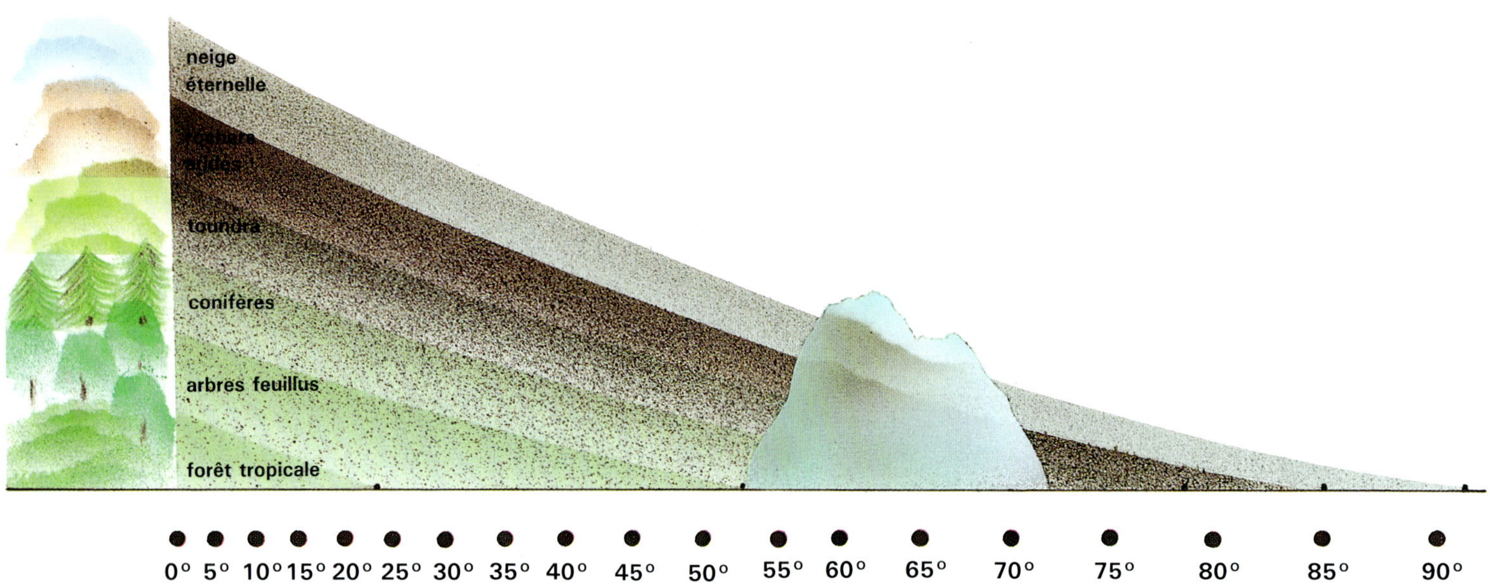

### L'ASCENSION DU MONT EVEREST

La montagne la plus élevée sur Terre est le mont Everest, qui culmine à 8.848 mètres! Il se situe en Himalaya, région montagneuse d'Asie. Beaucoup d'alpinistes ont tenté l'ascension de cette montagne.
En 1953, le sommet fut vaincu pour la première fois. Les alpinistes eurent besoin de masques à oxygène en raison de la rareté de l'air. Sans oxygène supplémentaire, l'ascension eût été impossible. Actuellement, des expéditions sont régulièrement organisées afin d'atteindre le sommet.
Les alpinistes en ont alors pour des semaines. Ils emportent tellement de matériel qu'ils louent le service de porteurs.
Il s'agit le plus souvent d'Himalayens qui connaissent parfaitement la région.
Arrivés à proximité du mont, les alpinistes installent un camp de base. C'est de ce point qu'ils tenteront d'atteindre le sommet et que les porteurs attendront leur retour.

Les sommets les plus hauts bordent la côte norvégienne. Ils s'étendent du nord au sud. Le vent souffle un air marin très humide sur les reliefs que les nuages essaient de surmonter. En prenant de l'altitude, ces derniers se refroidissent, ce qui déclenche des pluies torrentielles. Il n'est donc pas surprenant de constater le nombre impressionnant de précipitations le long des côtes norvégiennes. Dans la ville de Bergen, il tombe 2.000 mm d'eau par an. Il pleut ou il neige durant 200 jours par an. Après avoir dépassé les montagnes, les nuages redescendent en se dissipant progressivement. Le pays situé de l'autre côté des montagnes, la Suède, connaît ainsi un climat différent de celui de la Norvège. Il y fait plus sec et le Soleil y brille plus souvent. Le versant de la montagne où il pleut et neige le plus est appelé ''l'ubac''. Le côté sec et ensoleillé se dénomme ''l'adret''. Si les montagnes étaient dirigées d'est en ouest, la Norvège et la Suède connaîtraient alors un autre climat.

*Les deux tiers de la surface terrestre sont composés d'eau.*

## Deux tiers de la Terre sont constitués d'eau

L'eau recouvre presque toute la Terre. Heureusement, car l'eau est indispensable à la vie. Dans l'atmosphère, qui contient de la vapeur d'eau en suspension, voyagent les nuages. Sur Terre coulent des rivières et stagnent des lacs. Les pôles regorgent également d'eau, qui, ici, est gelée. C'est dans les mers que l'on trouve le plus d'eau. Au fait, savais-tu que la plus grande partie de notre planète est recouverte d'eau? Si tu divisais la Terre en trois parties, deux seraient consacrées aux mers et une seule à la terre ferme. En d'autres mots: deux tiers de la Terre sont couverts par les mers, un tiers par la terre ferme.

## Où se trouve cet océan?

Les grandes mers sont appelées des océans. Ceux-ci se situent entre les continents. L'océan

Atlantique s'étend entre l'Europe et l'Afrique d'un côté et l'Amérique du Nord et du Sud de l'autre. Entre l'Amérique, l'Asie et l'Australie se trouve le Grand Océan. Comme son nom l'indique, il constitue l'océan le plus grand de la Terre. On l'appelle actuellement l'océan Pacifique. Dans le triangle formé par l'Afrique, l'Asie et l'Australie se trouve l'océan Indien. Outre les océans, il existe également de nombreuses mers. Rien qu'en observant la carte d'Europe, tu en dénombreras une série entière: la mer du Nord, la mer Baltique, la Méditerranée, la mer Noire et la mer Caspienne. Les situes-tu toutes sur la carte?

## Le cycle de l'eau

L'eau influence le climat. Sans eau, il n'y aurait pas de précipitations. Pas de neige, de pluie ou de brouillard. Etudions dès à présent l'eau avec attention.
Elle ne cesse jamais de se déplacer. Observe les fleuves. A chaque minute et à chaque heure de chaque jour, des milliers de litres d'eau s'écoulent dans leur lit. Cette eau se dirige vers la mer. Le mouvement ne s'arrête jamais car l'eau emportée dans la mer est immédiatement remplacée par celle qui tombe du ciel: la pluie et la neige.
On parle ainsi du cycle de l'eau. Un cycle est quelque chose qui se répète constamment. Imagine que tu formes un cercle avec d'autres enfants. Donne un papier à ton voisin, qui le transmet au sien, et ainsi de suite. Lorsque le papier revient à son point de départ, on peut dire qu'il a accompli un cycle. L'eau connaît un cycle semblable.

*La Terre est la seule planète connue où l'eau existe. Sans l'eau la vie n'est pas possible. C'est pourquoi il est important de protéger l'eau.*
*L'épuration naturelle, par le sable et les cailloux, que l'eau subit sur son chemin vers la mer, ne suffit parfois plus. On rencontre de moins en moins d'endroits où l'eau est encore très claire.*

## La vapeur d'eau

Pour comprendre le cycle de l'eau, il faut d'abord savoir ce qu'est la vapeur d'eau. Tu connais déjà le phénomène des précipitations. L'eau est le plus souvent liquide. Lorsqu'il fait très froid, elle change toutefois de forme et devient solide. C'est de la glace. Les petits flocons de glace sont si légers qu'ils restent en suspension dans l'air. Lorsque l'eau se réchauffe, elle peut également changer de forme pour devenir de la vapeur.

## Comment la vapeur d'eau se transforme-t-elle en eau?

Celle-ci, qui reste en suspension dans l'atmosphère, est constituée d'un amas de gouttelettes tellement petites qu'elles sont invisibles.
Lorsque cette vapeur refroidit, elle redevient de l'eau. Sois attentif à la lessive qui sèche dans ta maison. La chaleur fait s'évaporer l'eau qui imprègne les vêtements. L'air de la pièce est alors plus humide. Lorsqu'il fait froid dehors, les fenêtres se couvrent de buée.
La vapeur s'est à nouveau transformée en eau au contact des vitres froides.

## Comment se déroule le cycle de l'eau?

Analysons à présent avec précision le cycle de l'eau. Tout commence dans la mer. Lorsque le Soleil brille, une faible quantité d'eau de mer s'évapore. La vapeur monte lentement dans l'atmosphère.
Comme tu le sais, lorsqu'on s'élève dans l'air, la température baisse. A un moment donné, la vapeur se transforme en eau. On appelle cela, la condensation. Des gouttes se forment puis se rassemblent pour former des nuages. Ceux-ci grandissent sans cesse, tout comme les gouttes qu'ils contiennent. Une fois trop lourdes, ces dernières tombent. Il pleut.
Lorsque l'averse se produit au-dessus de la mer, l'eau revient vite à son point de départ. On appelle alors ce parcours le ''petit cycle''.
Mais très souvent, le vent a transporté les nuages au-dessus du sol. Lorsqu'il pleut, l'eau tombe alors sur la terre. Au-dessus de celle-ci naît à nouveau une couche de vapeur. Surtout lorsque le Soleil est ardent.
Une partie d'eau de pluie s'écoule aussi dans les fossés, dans des ruisseaux ou dans des égouts. Finalement, elle aboutit dans la mer. Tout peut recommencer. Le grand cycle est bouclé.

CYCLE DE L'EAU

*Lors du petit cycle, l'eau s'évapore directement de la mer. Quand l'eau s'évapore de la terre, on appelle cela le grand cycle. L'eau a alors tout un chemin à parcourir vers la mer par les ruisseaux et les rivières. Grâce au cycle de l'eau, il reste toujours la même quantité d'eau sur la Terre.*

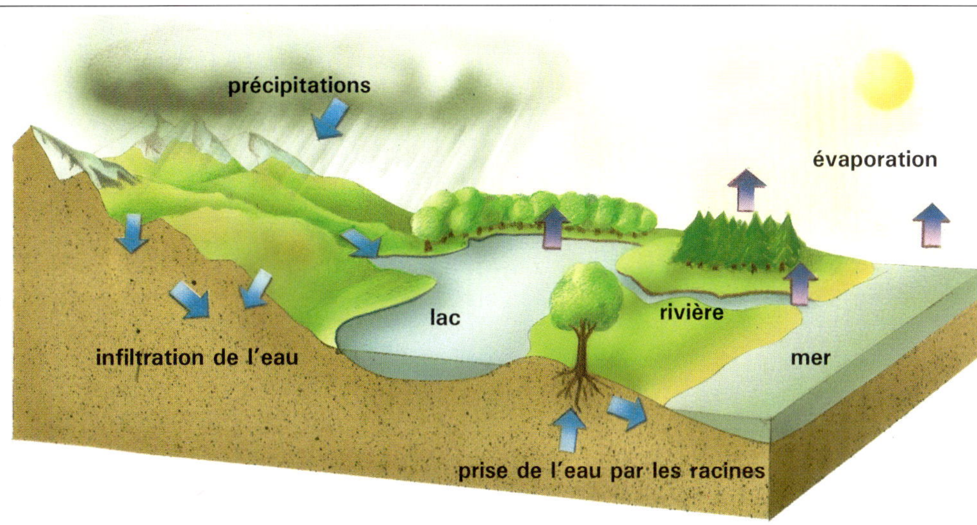

*Les régions près de la mer ont un climat marin.*

## A quelle distance de la mer sommes-nous?

Grâce au cycle de l'eau, les océans ne s'assèchent pas. Les fleuves leur apportent constamment de la nouvelle eau. La mer est très importante pour le climat. Examinons-en la raison. Tu comprends certainement pourquoi l'air est beaucoup plus humide au-dessus de la mer qu'au-dessus du sol. Comme le Soleil brille sur l'eau, la couche d'air qui se trouve au-dessus est remplie de vapeur d'eau. C'est pourquoi des nuages surplombent souvent l'océan ou qu'il y a du brouillard. Il n'est pas étonnant que les pays bordant la mer jouissent d'un climat humide. Il y pleut ou il y neige très souvent. Eté comme hiver. Ces régions ne connaissent pas de période de sécheresse. Par contre, plus on s'éloigne de la mer, plus il fait sec.

La mer n'est pas uniquement responsable de pluie ou de neige. L'eau de mer modifie également la température. Au bord de mer, il fait souvent très chaud l'été et très froid l'hiver. On dit que la mer génère un climat modéré. La terre se réchauffe très vite lorsque le Soleil se met à briller. Il en va tout autrement avec la mer. Celle-ci a besoin de beaucoup plus de temps pour se réchauffer. Ceci est dû au fait que l'eau est constamment en mouvement. Malgré le fait que la couche supérieure est réchauffée par le Soleil, des courants froids la refroidissent. Il faut dès lors beaucoup de temps pour que l'eau se réchauffe. Mais une fois que cette opération s'est effectuée, le refroidissement est aussi plus lent. L'eau ne ressent donc pas immédiatement les effets que cause le changement de température. Observe l'extérieur lorsqu'il gèle, en hiver. Le sol et l'herbe gèlent vite alors que l'eau est toujours liquide dans le fossé. La profondeur de la couche d'eau est également importante. Un petit volume d'eau gèle beaucoup plus vite qu'une grande quantité. C'est pourquoi, après l'été, l'eau refroidit plus lentement. Elle se réchauffe également plus lentement après l'hiver. Les pays éloignés de la mer connaissent dès lors un climat différent de celui des pays côtiers. Il y fait en effet plus froid l'hiver et plus chaud l'été.Non seulement les différences entre l'hiver et l'été sont moins sensibles, mais également les variations de température entre la nuit et le jour. Une région éloignée de la mer peut connaître des températures de 30°C le jour alors que la nuit, il gèle. A proximité de la mer, ces variations sont beaucoup moins fortes.
Au bord de mer, le vent souffle toujours. Ceci s'explique par l'absence d'obstacles. A l'intérieur des terres, les maisons, les arbres et les collines freinent la vitesse du vent. Plus on s'éloigne de la côte, plus le vent s'affaiblit.
Les régions côtières connaissent un climat marin. Par contre, le climat des terres intérieures est appelé climat continental. Un climat marin se distingue du climat continental par une faible

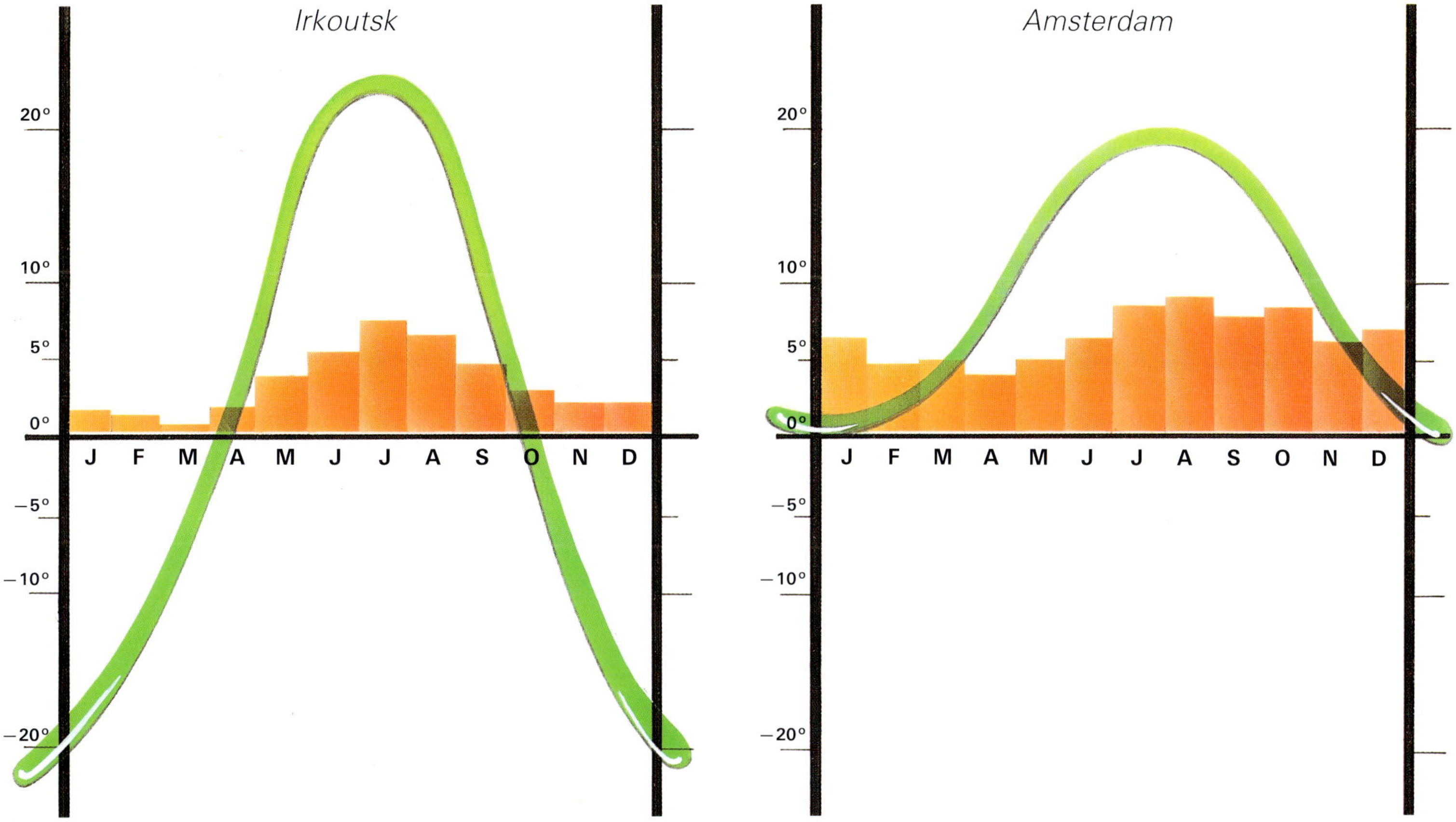


*Sur ce graphique du climat, tu peux voir la différence entre un climat marin (Amsterdam) et un climat continental (Irkoutsk).*

différence entre la nuit et le jour, l'été et l'hiver. Il y fait également plus humide. Des averses de neige ou de pluie sont possibles toute l'année. Le vent y est aussi plus violent.

Observe les deux graphiques climatologiques représentés ci-dessus. Sur l'un d'eux, tu peux déterminer précisément quel type de climat règne sur telle région. Les petites colonnes indiquent les précipitations mensuelles. La ligne verte indique la température mensuelle.

Le premier est un graphique climatologique d'Irkoutsk, le second concerne Amsterdam, deux villes situées à peu près à la même latitude. L'ensoleillement devrait donc être peu différent. Toutefois, Amsterdam se trouve à proximité de la mer, ce qui la gratifie d'un climat marin. Irkoutsk est une ville d'Union Soviétique. Aucune mer ne la borde. Irkoutsk connaît donc un climat continental.

La différence entre les deux climats est énorme. Surtout l'hiver, où il fait beaucoup plus froid à Irkoutsk qu'à Amsterdam.

Toutefois, cette dernière subit l'année durant plus de précipitations que la ville soviétique.

La mer peut influencer le climat d'une autre manière. Tu as peut-être déjà entendu parler des courants marins, qui déplacent l'eau d'un endroit à un autre. Parfois, ce transfert n'est long que de quelques kilomètres. Il existe cependant de très longs courants marins. L'eau est alors transportée à des centaines de kilomètres.

Un courant marin peut être constitué d'eau chaude et froide. Si le point de départ se situe dans une région polaire, l'eau sera naturellement froide. Par contre, un courant marin qui trouve son origine à l'équateur est constitué d'eau chaude. Un courant chaud qui traverse une région froide la réchauffe.

## LE FLUX ET LE REFLUX

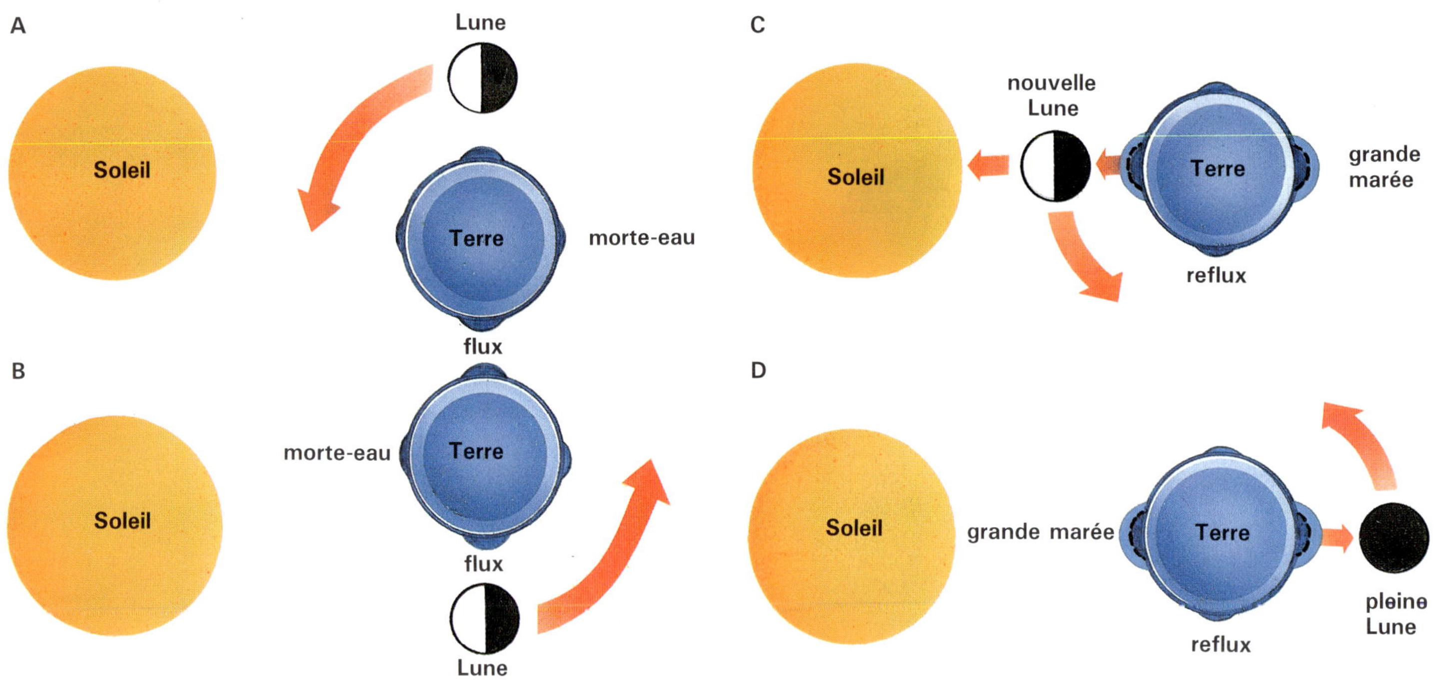


Es-tu déjà allé sur une plage? Tu auras certainement remarqué qu'une fois, elle est large et qu'ensuite, elle se rétrécit. Le matin, tu as par exemple dû parcourir un bout de chemin avant d'atteindre la mer. Alors que l'après-midi, les vagues venaient presque mourir au pied des cabines de bain. Ou l'inverse. Ceci s'explique par le fait que l'eau tantôt monte, tantôt descend. Lorsqu'elle monte, on parle de ''marée haute'' ou de ''flux''. Lorsqu'elle descend, il est question de ''marée basse'' ou de ''reflux''. Il y a en 24 heures deux marées hautes et deux marées basses.
Cette notion de flux et de reflux est difficile à imaginer. Ce phénomène s'explique par l'attraction qu'exercent le Soleil et la Lune sur la Terre. Tout comme un aimant. Lorsque le Soleil ou la Lune attire l'eau, c'est la marée haute. Etant donné que l'eau est attirée d'un côté, elle doit se retirer d'un autre. Là, on est à marée basse.
Parfois, le Soleil et la Lune sont alignés avec la Terre. Ceci se produit lors de la pleine lune. La force d'attraction est alors double. L'eau monte dès lors très haut. On parle de grande marée. Celle-ci s'apparente parfois à une véritable tempête. Le danger est omniprésent. Les vagues viennent se fracasser contre les digues, qui risquent de céder. Une autre fois, le Soleil et la Lune sont à l'opposé l'un de l'autre. Les forces d'attraction s'annulent. La marée est donc assez faible. On parle de morte-eau. Grandes marées et faibles marées se répètent deux fois par mois.

L'inverse est également vrai. Un courant froid traversant une région chaude la refroidira. C'est de cette manière que les courants exercent une influence sur le climat.
Il existe ainsi un courant qui commence dans le golfe du Mexique. On l'appelle le Gulfstream. Cette eau chaude traverse l'océan Atlantique de part en part. A proximité de la Norvège, ce courant rejoint le nord-ouest de l'Europe. Le nord de la Norvège est proche de la zone polaire. En principe, les ports devraient y être bloqués par le gel, surtout pendant l'hiver. Grâce au Gulfstream, tous les ports norvégiens restent cependant ouverts en permanence.
Le long de la côte, les hivers sont plus doux que tu ne pourrais l'imaginer.

# La Terre vit

Peut-être as-tu déjà lu un livre de science-fiction mettant en scène des OVNI et des Martiens qui vivent sur des planètes bizarres.
Jusqu'à présent, les scientifiques n'ont pas encore découvert de planète sur laquelle il y aurait des êtres vivants. Il semblerait que seule la Terre en compte sous la forme de végétaux, d'animaux et d'humains.
Cette vie sur Terre a été rendue possible grâce à des propriétés particulières. Il y a les mers et les fleuves, les montagnes qui naissent et s'érodent lentement. Il y a également l'air qui nous permet de respirer.
La Terre est perpétuellement en mouvement, comme si elle vivait elle-même réellement!

## Les continents se déplacent

Lorsque tu regardes une carte du monde, tu distingues sept grandes portions de terre. Ces portions sont appelées des continents.
Les plus étendus sont l'Asie et l'Afrique. Les plus petits sont l'Europe et l'Australie. L'Amérique du Nord, l'Amérique du Sud et l'Antarctique (le pôle Sud) ont une taille moyenne.
En observant plus attentivement, tu verras que l'Amérique du Sud et l'Afrique coïncident comme deux pièces de puzzle. Cela s'explique: il y a très longtemps, ces deux parties ne formaient qu'un tout. En fait, tous les continents ne constituaient qu'une seule et même terre. Celle-ci s'est morcelée au cours du temps. Certains continents s'éloignèrent l'un de l'autre. D'autres se heurtèrent.
La dérive des continents est toujours en activité. Millimètre par millimètre; année par année, ils se rapprochent ou s'écartent. Comment de telles masses de terre peuvent-elles dériver? Pour comprendre ce phénomène, tu dois d'abord savoir que la Terre avait jadis un autre aspect qu'aujourd'hui.

LES CONTINENTS DERIVENT

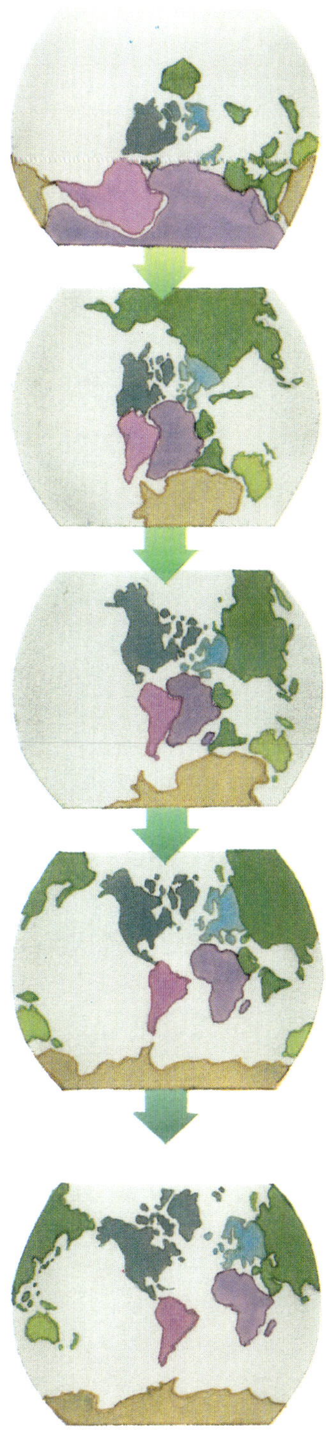

*Il y a 420 millions d'années: l'Afrique, l'Amérique du Sud, l'Antarctique ne formaient qu'une seule terre.*

*Il y a 240 millions d'années: l'Asie est formée. Tous les continents sont reliés entre eux.*

*Il y a 120 millions d'années: la grande séparation est commencée.*

*Il y a 60 millions d'années: l'Afrique et l'Amérique du Sud se détachent aussi.*

*Aujourd'hui.*

## De quoi se compose la Terre?

A l'origine, la Terre n'était qu'une grosse boule de minéraux gazeux et liquides. Cette boule était extrêmement chaude. Mais au cours des années, la couche externe commença à se refroidir. Un phénomène se produisit, qui est assimilable à ce qui se passe lorsqu'on chauffe du lait. Une ''peau'' se forma. Cette ''peau'' s'appelle l'écorce terrestre, qui a une épaisseur de 25 km. A certains endroits, elle est plus mince, à d'autres, elle est plus épaisse.
Sous l'écorce terrestre se trouve le manteau. Il y fait si chaud que beaucoup de minéraux y fondent. Comme la glace fond au soleil, les roches des entrailles de la Terre fondent au contact de la chaleur. Ces roches liquéfiées sont appelées magma. Sous le manteau se trouve le noyau de la Terre, que l'on peut diviser en deux parties: le noyau externe et le noyau interne. Le premier est constitué de magma, le second est extrêmement dur.

## L'écorce terrestre est composée de plaques mobiles

Lors de la formation de l'écorce terrestre, il n'y avait pas de montagnes. Le sol était rocailleux et

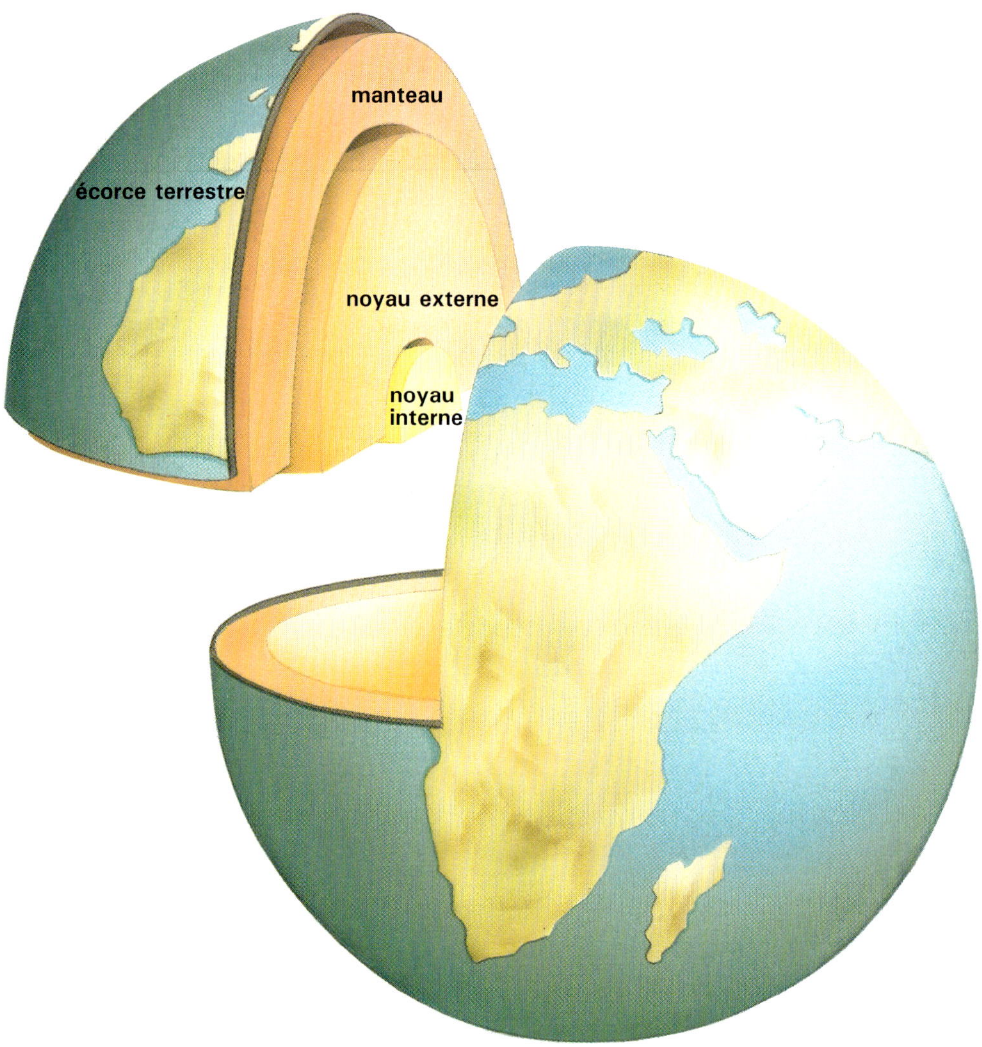


*La coupe de l'écorce terrestre te montre clairement les quatre parties dont se compose probablement notre Terre. L'écorce terrestre est la partie de la Terre sur laquelle tu te promènes chaque jour. Comparé au manteau et aux noyaux interne et externe, elle est très mince. Sous la terre, l'écorce terrestre a une épaisseur de 40 km, mais sous le fond de la mer, seulement 10 km. En-dessous, se trouve le manteau. Il se compose d'une matière très chaude et liquide qu'on appelle le magma. A 2.900 km de profondeur commence le noyau. Il est constitué en grande partie de fer. La partie interne du noyau est solide.*

PLAQUES

*Dans l'écorce terrestre, les plaques sont perpétuellement en mouvement. Lorsque deux plaques se heurtent, des montagnes ou des failles peuvent naître. Parfois une plaque se glisse sous l'autre. De grandes fosses abyssales en naissent.*

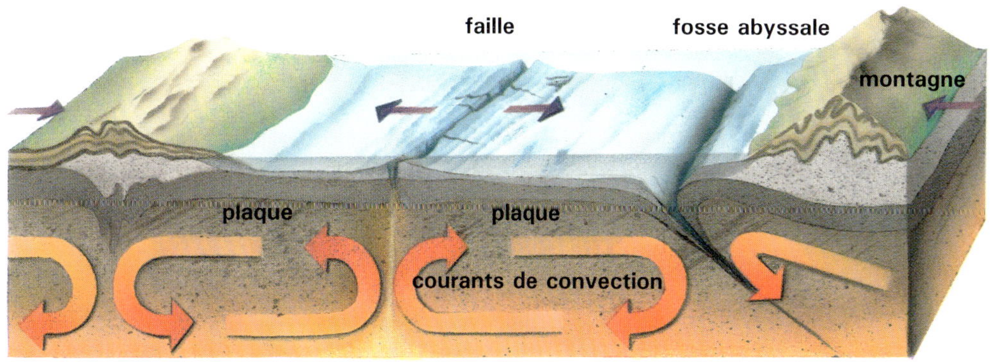


nu. La partie inférieure de l'écorce terrestre fut immergée. Ainsi naquit un grand océan. Les parties les plus élevées devinrent la terre ferme. L'océan était plus étendu que le continent. L'intérieur de la Terre reste très chaud, ce qui explique la présence de magma liquide en profondeur. Or, cette masse liquide bouge en permanence. C'est pourquoi l'écorce terrestre est parsemée de failles, qui ont divisé la Terre en plusieurs plaques. Certaines sont occupées par un continent, d'autres par un océan. Parfois, continent et océan se disputent une même plaque. Celles-ci dérivent constamment. Elles s'attirent ou s'éloignent l'une de l'autre. Voilà pourquoi certains continents s'écartent et d'autres se heurtent.

## Pourquoi les plaques dérivent-elles?

Les continents et les fonds marins dérivent constamment comme les blocs de glace sur l'eau. Tu l'as peu-être déjà vu à la télévision. Les blocs restent immobiles jusqu'à ce qu'un bateau passe à proximité. Ils commencent alors à dériver. Il en va de même avec les plaques continentales. Elles ne se meuvent pas par elles-mêmes. Des forces extérieures agissent.
Ces forces extérieures proviennent des profondeurs de la Terre. Sous l'écorce terrestre, le magma s'écoule en formant des petits cercles. S'il coule de gauche à droite juste en-dessous de l'écorce, le mouvement est inversé en profondeur. Ces déplacements ont un terme scientifique, ce sont des ''courants de convection''.
Observe le dessin, tu verras que des courants de convection voisins vont en sens opposé. Le dessin du milieu te décrit deux courants qui se rencontrent, ce qui donne naissance à une faille. Dans ce cas-ci, elle se forme dans le fond de l'océan. Des deux côtés de la faille s'étendent des plaques. Comme tu peux le remarquer, à cet endroit, les deux courants remontent. Ils vont vers le fond de la mer. La fissure laisse s'écouler le magma, qui repousse les plaques. Celle située à la droite de la faille est poussée vers la droite. L'autre, située à la gauche de la faille, est repoussée vers la gauche.
Très lentement, les plaques s'éloignent de la faille au fond de la mer. La vitesse de dérive est de quelques centimètres par an. Après quelques millions d'années, la plaque a déjà dérivé de quelques kilomètres. Tu ne t'étonneras donc pas de lire qu'à un certain moment, elle rejoint une autre plaque. Deux solutions sont alors possibles: ou elles se heurtent, ou l'une des plaques glisse sous l'autre.

*Souvent, les montagnes se situent sur les bords des plaques.*

## Deux plaques se heurtent

Deux plaques se heurtent lorsqu'elles ont à peu près le même poids. Ceci se produit par exemple lorsqu'il s'agit de deux plaques continentales. Ainsi l'Inde était-elle jadis séparée du reste de l'Asie. Lorsque les deux plaques se heurtèrent, l'Inde devint voisine de la Chine!

## Une plaque glisse sous l'autre

Il peut aussi se produire qu'une plaque continentale heurte une plaque océanique. Cette dernière est plus lourde. Tout comme un bloc de glace lourd se glisse sous un plus léger, la plaque la plus lourde s'enfonce sous la plus légère. A l'endroit où se produit ce phénomène naît une immense fente, appelée abysse. Mais que deviennent les fonds marins avalés dans les profondeurs de la Terre? Ils atteignent la région magmatique. Tu as certainement deviné ce qui se passe ensuite. Ils se mettent à fondre lentement pour devenir à leur tour du magma.
La boucle est à présent bouclée. Tu sais désormais que des terres naissent aux failles des océans. Simultanément, d'autres terres disparaissent dans les profondeurs de la Terre, qui, dès lors, conserve toujours la même taille.

## Les plaques à la dérive: moteurs de la Terre

Tu sais qu'à l'origine, la Terre ne contenait qu'un seul continent et une seule grande mer. Cette terre était en beaucoup de points différente des continents actuels. Les mers intérieures n'existaient pas.
Lorsque le continent unique se scinda, des modifications importantes se produisirent. Les plaques dérivèrent, l'une allant vers le nord, l'autre descendant vers le sud, l'est, l'ouest. Lorsqu'une plaque s'approchait des pôles, son climat se refroidissait. Tandis qu'une plaque abordant la région équatoriale voyait son climat se réchauffer. Ces variations climatiques modifièrent la flore.
Sur les montagnes du Spitsberg poussaient jadis des palmiers. Mais lorsque cette région dériva avec la plaque eurasiatique vers le nord, le climat devint trop rigoureux pour ces arbres. Leur succédèrent alors des plantes plus résistantes au froid.
Certains végétaux s'adaptèrent également aux nouveaux climats. C'est pourquoi des fougères originaires des Tropiques croissent dans nos régions!
La faune se modifia également. Tu imagines aisément qu'un animal habitué aux climats chauds fut totalement incapable de s'habituer à des

températures plus basses. Dès lors, de nombreuses espèces disparurent de la surface de la Terre.
Toutefois, à l'instar des végétaux, certains animaux s'adaptèrent à ces bouleversements. Quelques espèces se parèrent par exemple d'une fourrure. Ces ''manteaux'' les protégeaient du froid mordant.
Il arrivait aussi que des plaques qui dérivaient conservent le même climat. La faune et la flore subissaient alors peu de modifications.
C'est ainsi que des plaques éloignées de plusieurs milliers de kilomètres l'une de l'autre furent peuplées d'une faune et d'une flore quasiment ou partiellement identiques.
L'Inde et l'Afrique du sud-est connaissent ainsi un animal commun introuvable ailleurs sur Terre: le maki. Ceci te prouve que l'Afrique du sud-est et l'Inde étaient jadis accolées!

## Où s'étendent les plus grandes chaînes montagneuses?

La dérive des plaques a entraîné énormément de modifications. Elle fut notamment responsable de la naissance de toutes les montagnes! Si tu observes la carte, tu sauras où localiser les plus hautes chaînes montagneuses. Consulte également la carte ci-dessous. Remarques-tu que beaucoup de montagnes sont à l'intersection des plaques? Prends par exemple les Andes, en Amérique du Sud. Ce massif se trouve au bord de la plaque sud-américaine. L'Himalaya en Asie et les Alpes en Europe se situent également le long des bords de plaques continentales.

## Des montagnes dans la mer

Tu seras peut-être surpris d'apprendre qu'il y a

*Sur cette carte, tu peux clairement voir que les plus importantes chaînes de montagnes se situent sur les bords des plaques.*

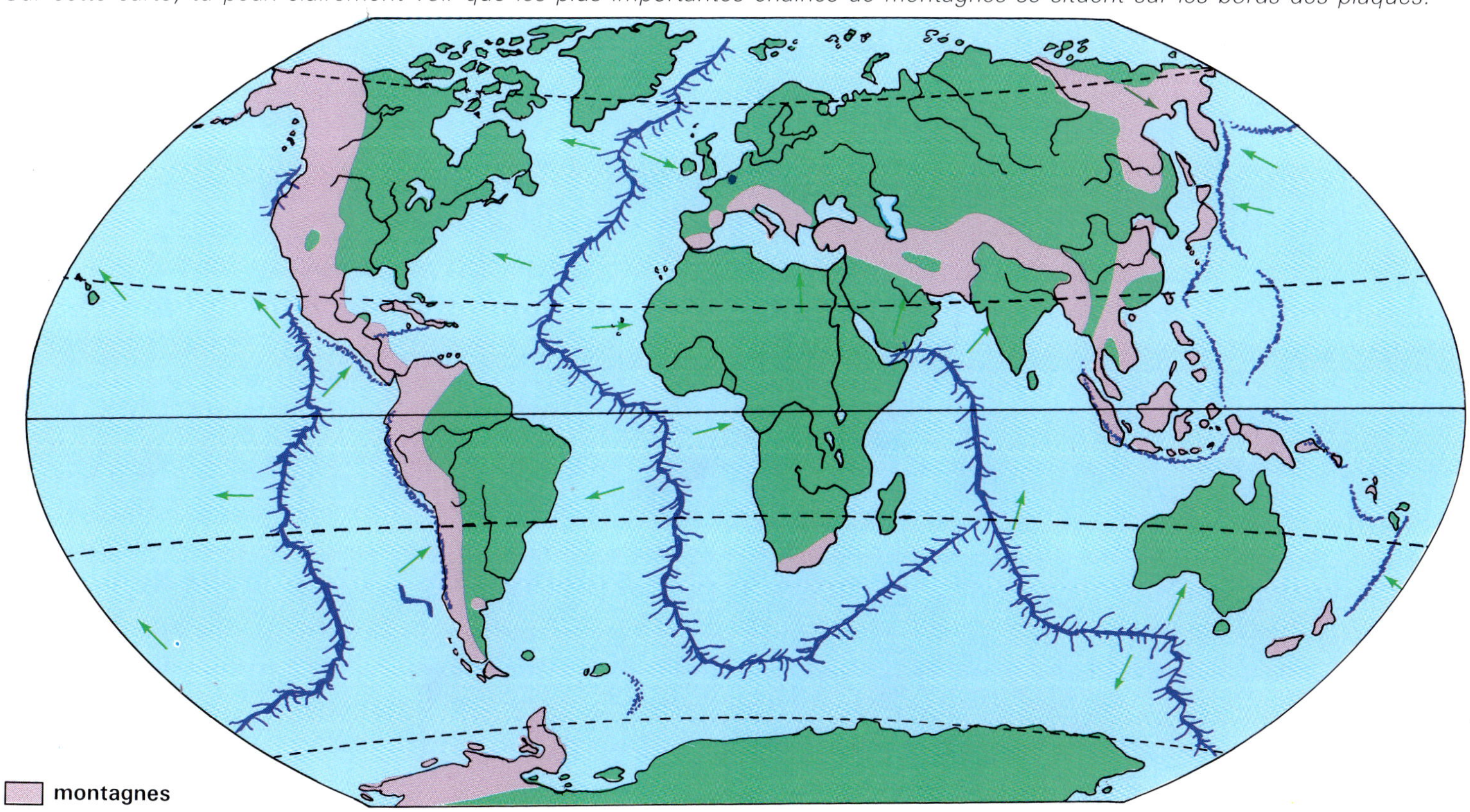

des montagnes au fond des océans. Tu ne peux évidemment pas les voir. Et pourtant, elles existent. On les trouve le long des failles, en plein milieu des océans. La dorsale médiane de l'Atlantique s'élève à 2.000 mètres au-dessus du fond de l'océan! Tu te demandes certainement pourquoi les montagnes se forment le long des failles. Tu as lu précédemment que des fissures jaillissent des roches en fusion: le magma, qui s'écoule de part et d'autre de la faille. Lorsqu'il entre en contact avec l'eau, ce magma s'agglomère. Ce processus prend un certain temps en raison de la chaleur intense dégagée près de la faille. Par contre, à une certaine distance de celle-ci, il fait plus froid. Les roches refroidissent donc plus rapidement pour se solidifier. Ce qui se produit est comparable à la cuisson d'un cake. Lorsque le cake est mis au four, il gonfle. Dès qu'on l'y retire, il retombe. Une fois refroidi, il ne change plus de volume. Il en est de même avec les montagnes océaniques. A proximité de la faille, là où la chaleur est intense, les roches se solidifient lentement. En outre, elles ''montent'': elles forment des montagnes. Plus bas, il fait plus froid. Les roches s'agglomèrent plus rapidement. Elles ''montent'' donc dans une moindre mesure. Les montagnes sont dès lors moins élevées. Si tu poursuis l'observation, tu ne remarqueras plus de différence de hauteur. Les roches refroidissent tellement vite qu'elles ne ''montent'' même plus. A partir de ce point, le fond océanique est assez plat.

## Des montagnes là où se heurtent les plaques

Les montagnes continentales naissent différemment des montagnes issues des failles océaniques. Les plus belles et les plus hautes résultent de la collision de deux plaques. Prends une feuille de papier. Glisse les deux extrémités lentement l'une vers l'autre. Des plis apparaissent. La croûte terrestre subit la même chose lorsque deux plaques se heurtent. Les plis qui se forment

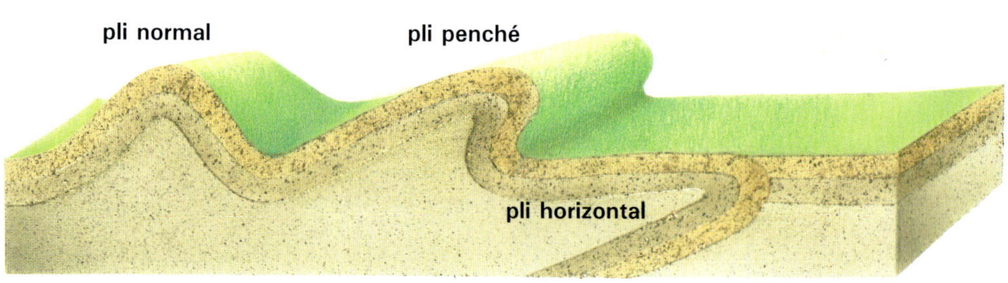


PLIS

*A cause du mouvement incessant des plaques, certaines couches peuvent se plisser. Sur le dessin, tu vois les plus importantes sortes de plis.*

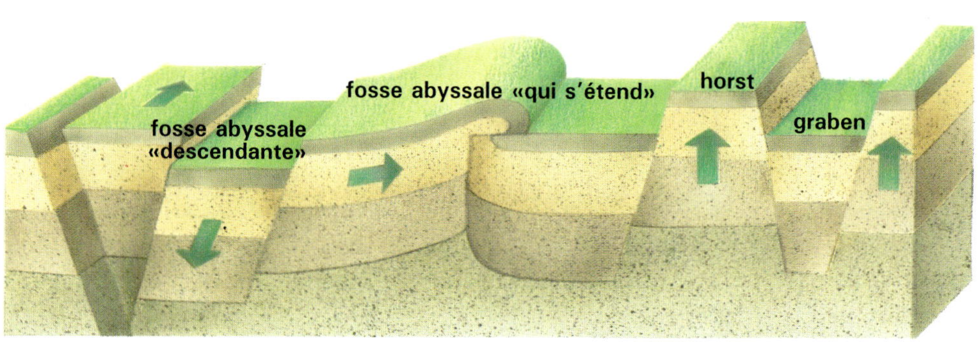


FAILLES

*Lorsque les forces dans les couches terrestres sont encore plus grandes, ces couches peuvent se déplacer et même se briser. Dans les régions où de telles failles se forment, il y a aussi souvent des tremblements de terre.*

*Sur certaines parois de montagnes, tu peux voir les plis.*

*Les forces dans les parois terrestres sont très grandes.*

constituent alors les montagnes. Le processus est si lent que tu ne peux le percevoir.
Il y a des millions d'années, la plaque africaine a heurté la plaque eurasiatique. L'écorce terrestre s'est alors plissée lentement, ce qui a donné naissance aux montagnes de Suisse et d'Autriche. Ces massifs grandissent encore à l'heure actuelle. Cette croissance est inférieure à un millimètre par an!
Un autre phénomène secoue parfois l'écorce terrestre. Deux côtés ne sont pas poussés l'un vers l'autre mais éloignés l'un de l'autre. Après quelque temps, l'écorce terrestre ne résiste plus et se déchire. La déchirure est appelée faille.

## Des montagnes là où les plaques s'enfoncent

Parfois, des plaques d'un poids différent se rencontrent. Elles se poussent l'une contre l'autre. La plaque la plus lourde glisse finalement sous la plus légère. Une fois dans les profondeurs de la Terre, son écorce fond et se transforme en roche liquide: le magma. La poussée des deux plaques génère des plissements dans l'écorce terrestre. Naissent alors des montagnes, comme lorsque deux plaques se heurtent. L'exemple le plus représentatif de ce phénomène se retrouve en Amérique du Sud, dans l'ouest, où se situent les Andes. Ce massif est au bord de la plaque sud-américaine. Il est issu de la dérive d'une autre plaque venue de l'ouest: le seuil des Nascas. Ce seuil des Nascas est immergé, il ne comprend qu'un fond marin. Très lentement, cette plaque s'est glissée sous la plaque sud-américaine. En s'enfonçant lentement sous la plaque sud-américaine, le seuil des Nascas a fondu progressivement. La quantité de magma produite fut telle que celui-ci chercha à s'échapper vers le haut. Voilà pourquoi on y trouve autant de volcans.

## Pourquoi la Terre tremble-t-elle?

Les collisions entre les plaques donnent lentement naissance aux montagnes. Un tremblement de terre est tout à fait différent. Il peut se déclencher d'une minute à l'autre. Cependant, une région peut subir les activités de la Terre des années avant le déclenchement d'un tremblement de terre. Les effets des forces de traction et de répulsion s'accumulent progressivement. Tout à coup, l'écorce terrestre cède. Les roches se déchirent et cassent. Tu peux provoquer le même effet avec une latte de plastique. Si tu plies les deux côtés l'un vers l'autre, il ne se passe d'abord rien. Les effets exercés s'accumulent, comme dans le cas des roches. Mais soudain, ''pang''. La latte se brise en son milieu. Les deux parties vibrent. C'est au point de rupture que le tremblement est le plus fort. Il s'atténue en direction des extrémités. Le même phénomène se produit lors d'un tremblement de terre. Au point de départ du tremblement, le plus souvent en profondeur, un gros choc est donné. On appelle ce point le foyer. Le point de la surface terrestre situé juste au-dessus du foyer est appelé l'épicentre. A partir du foyer, le tremblement de terre s'étend en ondes sismiques. Une de ces ondes va droit vers le haut, vers la surface, tandis que d'autres s'enfoncent en profondeur ou remontent vers la surface au gré de déviations.

## Un tremblement de terre est-il dangereux?

Etant donné qu'à la surface vivent les hommes et les animaux, l'onde qui se dirige droit à la surface est la plus dangereuse. Il faut aussi tenir compte de la profondeur du foyer. Plus celle-ci est grande, moins les risques sont élevés pour l'homme. La situation est plus grave lorsque le foyer est proche de la surface terrestre. Les bâtiments s'écroulent comme des châteaux de cartes, les arbres tombent comme des allumettes. Les routes et les voies ferrées se déforment. Des gens sont enterrés sous les décombres. Il est souvent arrivé que des victimes périssent sous les décombres. Dans les régions sensibles aux secousses sismiques, il est dès lors essentiel que les constructions soient solides. Deux grands tremblements ont eu lieu en 1988 et 1989. Tous deux avaient plus ou moins la même force. Celui de 1988 a touché l'Arménie, dans le sud de l'Union Soviétique. La ville de Spitak fut rasée. Les bâtiments n'étaient pas conçus pour résister aux tremblements de terre. 30.000 personnes furent prisonnières des décombres. En 1989, ce fut à San Francisco, aux Etats-Unis. Les dégâts y furent aussi importants. Toutefois, presque aucune maison ne s'écroula. Tous les bâtiments étaient spécialement conçus pour résister au choc. Le nombre de victimes n'atteignit pas la centaine.

*Un tremblement de terre peut être si fort que tous les immeubles s'écroulent comme en 1988 en Arménie.*

## Où se produisent la plupart des tremblements de terre?

Lorsque tu consultes la carte, tu remarques que la plupart des tremblements de terre surviennent le long des bords de plaques. Ceci s'explique par le fait que c'est précisément à ces endroits que les plaques se heurtent. Toutefois, elles n'entrent parfois pas en collision. Elles glissent alors très lentement l'une contre l'autre. Ceci se produit par exemple le long de la faille de San Andreas, en Amérique du Nord. Là, la plaque Pacifique dérive vers le nord-ouest, tandis que la plaque nord-américaine poursuit sa route vers l'ouest. Parfois, elles glissent l'une sur l'autre. Des morceaux entiers se brisent et sont poussés vers le haut. Ceci provoque de violentes secousses sismiques. Le tremblement de San Francisco en constituait un exemple.

## Peut-on prévoir un tremblement de terre?

Tu voudrais savoir s'il est possible de prévoir un tremblement de terre. Comme pour la météo. Si tel était le cas, les gens pourraient fuir à temps. Malheureusement, la prévision de ces tremblements n'est pas encore au point. Toutefois, en Chine, les savants sont déjà parvenus à éviter une catastrophe. Ils purent mesurer de très petits chocs, imperceptibles pour nous. Comme les tremblements de terre sont souvent précédés de petits chocs, ils prévinrent la population. Juste à temps, car plus tard, ils eurent droit à un énorme tremblement de terre.

## Peut-on mesurer un tremblement de terre?

Les hommes peuvent mesurer un tremblement de terre. Une cote est attribuée à chacun d'entre eux. Un léger tremblement aura ainsi un 3. Un grand recevra un 8. Observe le schéma ci-contre. Tu peux y lire le nombre moyen de tremblements de même intensité. Il existe un appareil qui mesure les mouvements sismiques: le sismographe. Celui-ci est placé au sol. Il est constitué d'un petit tambour entouré de papier. A l'intérieur du tambour se trouve une horloge qui le fait tourner lentement. Un marqueur est placé au-dessus du papier. Il dessine une belle ligne droite lorsque le tambour tourne. Lorsque des chocs se produisent dans le sol, cette ligne devient courbe. Plus le choc est fort, plus la courbe est accentuée.

*Le travail des équipes de sauvetage n'est pas sans danger.*

L'ECHELLE DE RICHTER

| Force du tremblement de terre | 3-3,9 | 4-4,9 | 5-5,9 | 6-6,9 | 7-7,9 | 8 et + |
|---|---|---|---|---|---|---|
| Moyenne annuelle du nombre de tremble-ments | 49.000 | 6.200 | 800 | 120 | 18 | 1 |

## Comment naissent les volcans?

Les bords des plaques font surgir également de nombreux volcans. Surtout là où les plaques s'enfoncent l'une sous l'autre. Lorsqu'une plaque se glisse très lentement sous une autre, les roches s'enfoncent profondément sous terre, où il fait très chaud. Tellement chaud que les minéraux fondent pour devenir du magma.
Lorsque la quantité de roche qui fond est importante, le magma augmente dans de telles proportions qu'il essaie de s'échapper vers la surface en empruntant diverses fentes. Dès qu'il découvre un point fragile dans l'écorce terrestre, il l'ouvre et jaillit. On assiste alors à une éruption volcanique.
Le magma est appelé lave lorsqu'il jaillit de l'écorce terrestre. La lave s'écoule alors rapidement et devient, en se refroidissant, aussi solide que la pierre.
Lors de chaque éruption, une nouvelle couche solide se forme. C'est ainsi que de hautes montagnes peuvent ''grandir'' en relativement peu de temps.

## La lave est-elle toujours pareille?

Non. Il y a différents types de lave. La différence principale réside dans le degré d'acidité: la lave peut être acide ou non. Il est très important de le savoir. La lave acide se solidifie très vite tandis que la lave non-acide reste liquide pendant quelque temps. Dès que la lave est totalement solidifiée, on peut encore déterminer de quel type il s'agit en fonction de la forme. Même la forme d'un volcan permet de déterminer le type de lave présente!

## Un volcan comme une bouilloire

La plupart des volcans sont hauts et pointus. Au sommet se trouve un trou: le cratère. C'est par là que jaillit la lave. Ce type de volcan est appelé stratovolcan. La lave qu'il produit est très acide. elle ne retombe pas loin car elle se solidifie très vite. C'est pourquoi ce type de volcan est escarpé. Un bel exemple de stratovolcan est le Fuji, au Japon. Parfois, le cratère est bouché par de la lave solidifiée. Lors de l'éruption suivante, ce bouchon sera soufflé d'un seul coup. Il arrive parfois que le

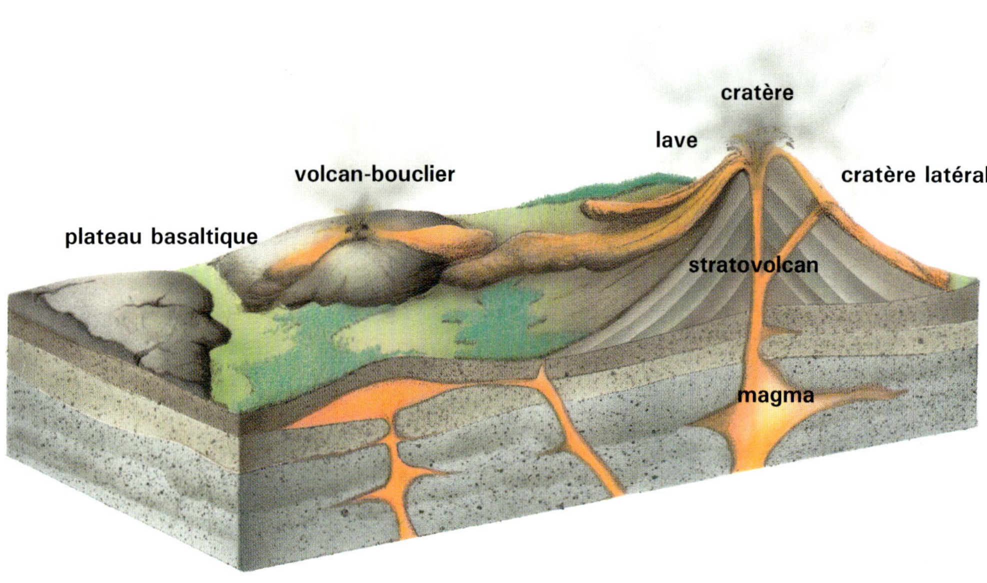


LES SORTES DE VOLCANS

*Le magma de l'intérieur de la Terre cherche un chemin vers le haut. A certains endroits, il y a un trou dans l'écorce terrestre, alors un volcan y naît. Par là, le magma peut s'écouler. En dehors du volcan, le magma est appelé «lave». La lave coule vers le bas et devient dure. Ainsi le volcan devient toujours plus grand.*

bouchon soit tenace. La lave cherche une autre bouche de sortie. Elle jaillit alors des flancs du volcan.

## Un volcan comme un bouclier

Lorsque la lave n'est pas acide, elle peut s'écouler beaucoup plus loin. Dans ce cas, le volcan est beaucoup moins escarpé.
Comme sa forme fait alors penser à un bouclier du moyen-âge, on parle de ''volcan-bouclier''. Les volcans-boucliers peuvent être moins hauts et moins escarpés que les stratovolcans, ils sont souvent beaucoup plus larges. Les plus connus sont visibles en Islande et à Hawaï.

## Un volcan plat

Certains volcans n'ont pas de cratère. La lave s'écoule alors par des failles et des fissures.
Il s'agit le plus souvent de basalte. Le basalte est une lave non acide. Comme toute lave non acide, le basalte peut s'écouler très loin. Il peut couvrir des plaines entières. Ce n'est pas pour rien qu'on les appelle ''plateaux basaltiques''.
Nous avons déjà rencontré des plateaux basaltiques. Des failles océaniques jaillit en fait du basalte. Il s'accumule alors progressivement des deux côtés de la faille.
Dans le nord-ouest des Etats-Unis s'étend une énorme plaine basaltique de quelque 500.000 kilomètres carrés. Ce qui équivaut à la France!

*Au-dessus: des plateaux basaltiques naissent lorsque la lave vient de régions plus élevées.*
*Au milieu: près des volcans s'échappe souvent beaucoup de gaz. Ces endroits sont appelés solfatares. Ils sont très nocifs.*
*En bas: la couleur jaune témoigne de la présence du soufre.*

### L'ÉRUPTION DU VÉSUVE

Aux environs de Naples, s'élève le volcan Vésuve. Aux alentours de l'an 0, les Romains y bâtirent des villas de campagne. Ils ne craignaient pas le volcan, qui était resté muet pendant des siècles. La région était très jolie et le sol volcanique très fertile. Les vignes étaient les meilleures du pays. Les Romains s'en réjouissaient, eux qui étaient tant friands de bon vin. Toutefois, au cours de l'année 63 après J.-C., un tremblement de terre se déclencha. La ville de Pompéi en fut la principale victime. Cependant, la situation redevint rapidement calme. Les dégâts furent réparés et les vacanciers y reprirent leur vie paisible. Jusqu'au 24 août de l'an 79, un nuage de gaz et de poussière s'échappa subitement du Vésuve, plongeant la région dans l'obscurité à des kilomètres à la ronde. La population paniqua en essayant de s'enfuir. Les nuages crachés par le cratère étaient toxiques, ce qui étouffa bon nombre de personnes. D'autres restèrent cloîtrés chez eux. Cependant, leur sort était scellé. La poussière dégagée par le volcan recouvrit Pompéi. Les maisons furent enfouies sous une couche de 7 mètres. Ce n'est que quelques centaines d'années plus tard que la ville fut retrouvée. Aujourd'hui, de nombreux touristes visitent ces célèbres ruines romaines.

## Quand trouve-t-on une source?

L'eau ne jaillit pas que du robinet ou du ciel. Parfois, elle sort du sol. L'endroit où l'eau jaillit du sol est appelé une source. Dans un pays aussi plat qu'une crêpe, les sources sont rares. Par contre, elles abondent dans les collines et les montagnes. Rappelle-toi ce que fait l'eau de pluie. Du sommet de la colline, elle s'enfonce dans le sol. Généralement, elle ne pénètre pas verticalement, elle s'infiltre plutôt en oblique. Dans ce cas, il se peut qu'à mi-chemin, elle ressorte du sol le long du versant. C'est ainsi que naît une source.

## Où trouver une source d'eau chaude?

A certains endroits, l'eau qui jaillit n'est pas froide mais chaude! Elle peut même bouillir! Ce sont des sources d'eau chaude. On les retrouve aux endroits où les minéraux en fusion, qui se trouvent

*Source d'eau chaude.*

sous l'écorce terrestre, essaient de remonter en surface. Dans ces régions, même le sol est très chaud. Tu ne remarques bien sûr rien lorsque tu le foules car la couche de surface reste toujours aussi froide. Mais l'eau contenue dans le sol est très chaude. Lorsqu'elle jaillit, elle constitue une source d'eau chaude.

## Qu'est-ce qu'un geyser?

Les geysers sont des sources d'eau chaude très particulières. L'eau chaude y jaillit du sol comme une fontaine.
Le geyser n'est pas toujours en activité. Pendant tout un temps, il se tient tranquille. Puis, tout à coup, un jet d'eau s'élève dans le ciel. Ensuite, le geyser s'éteint à nouveau, comme si quelqu'un actionnait une vanne.
Là où on trouve des geysers, l'eau de pluie s'infiltre très profondément dans le sol. Si profondément qu'elle s'approche du magma, qui la porte à très haute température.
Lorsque l'eau est très chaude, elle bout. Tu sais ce qui arrive lorsque l'eau se met à bouillir: elle se transforme en vapeur. L'eau contenue dans le sol subit les mêmes modifications. La vapeur pousse l'eau vers le haut. Lorsque la quantité de vapeur est importante, l'eau jaillit du sol: le geyser.
Lorsque l'eau et la vapeur se sont échappés, le jaillissement cesse. Tout recommence alors comme au début. Il faut attendre quelque temps avant que l'eau ne se remette à bouillir. Entre-temps, plus rien ne se passe à la surface. Pour certains geysers, la période d'inactivité peut être très courte. Pour d'autres, elle est plus longue. Mais quoi qu'il en soit, peu actif ou non, un geyser jaillit toujours à intervalles réguliers. Tu peux t'y fier pour régler ta montre!

*Les geysers sont nombreux seulement dans 3 régions: en Islande, dans le parc national de Yellowstone (E.U.) et en Nouvelle-Zélande.*

# Les continents

Tu as lu dans le chapitre précédent que la Terre était divisée en plaques perpétuellement à la dérive. On trouve sur beaucoup de ces plaques des terres émergées: les continents. La dérive a fait que chacun d'entre eux a subi une évolution particulière. La différence se marque dans les paysages, les climats, la faune et la flore. Ils constituent ce que nous appelons la ''Nature''. Celle-ci varie en fonction des continents. Les hommes sont également différents. Il y en a des grands, des petits, des bruns, des blancs, des gros, des minces, etc. Plus importante que l'apparence est la façon de vivre des hommes: quel type de maison construisent-ils? Que mangent-ils? Quels vêtements portent-ils? Croient-ils en Jésus, Bouddha ou Allah? Quelle langue parlent-ils? Quelle musique aiment-ils? Tous ces éléments constituent ce que nous appelons la ''culture''. La culture varie aussi en fonction de chaque continent.

## Combien y a-t-il de continents?

On dénombre au total 7 continents, qui ont leur culture et leur environnement naturel propres. Ces continents sont: l'Europe, l'Amérique du Nord, l'Amérique du Sud, l'Afrique, L'Asie, l'Océanie et l'Antarctique (le pôle Sud). La plupart des continents sont très étendus. Souvent, un continent regroupe de nombreux pays. Ceux-ci se ressemblent, tout en accusant cependant des différences sensibles. Ainsi la Norvège ressemble-t-elle en certains points à la Belgique et aux Pays-Bas, avec cependant certaines différences. Le climat norvégien est en effet plus froid. La langue est différente. Comme nous faisons tous partie de l'Europe, nous avons divisé ce continent en quatre parties dans cet atlas: l'Europe occidentale, l'Europe septentrionale, l'Europe orientale et l'Europe méridionale.

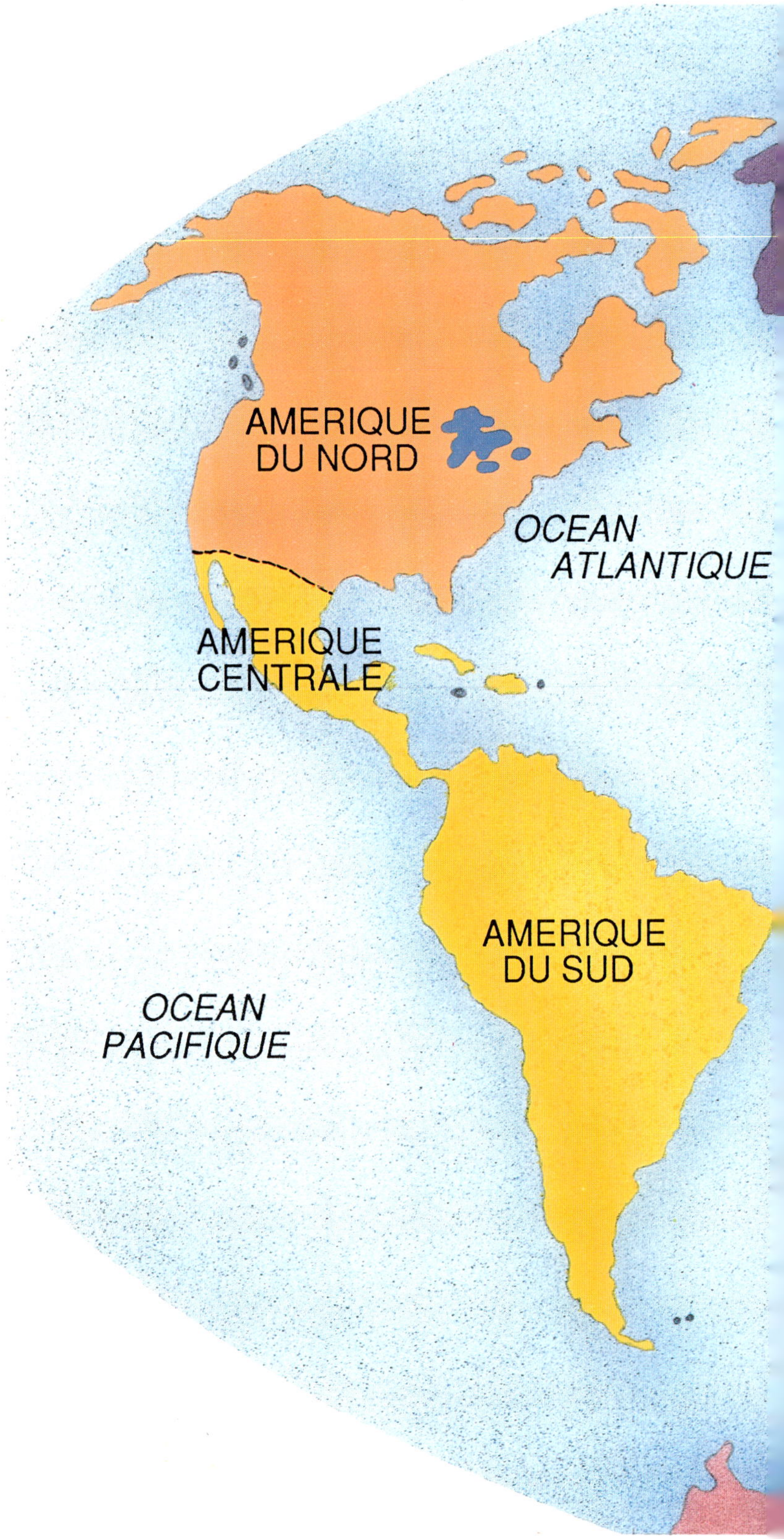

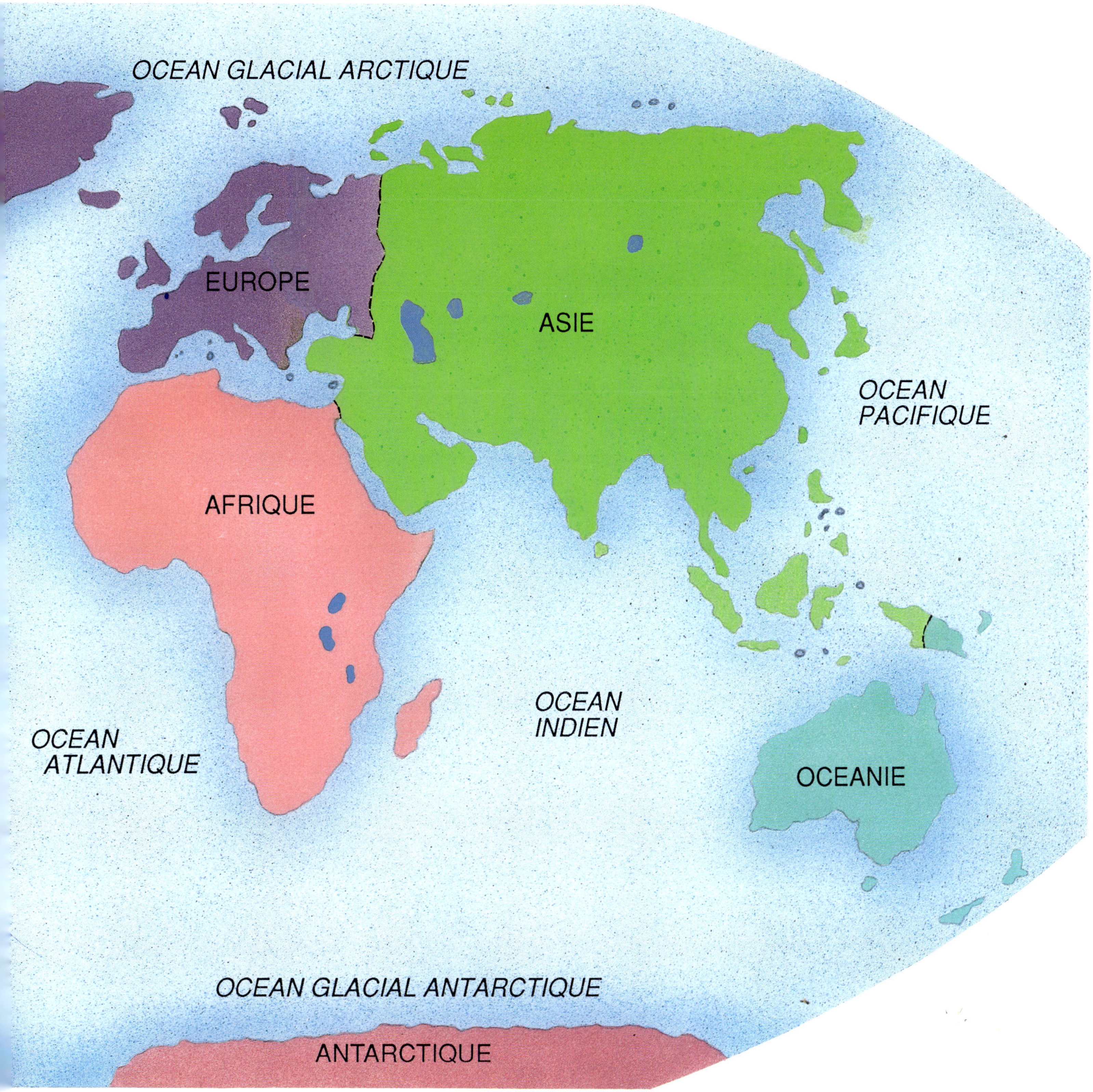
OCEAN GLACIAL ARCTIQUE
EUROPE
ASIE
OCEAN PACIFIQUE
AFRIQUE
OCEAN INDIEN
OCEAN ATLANTIQUE
OCEANIE
OCEAN GLACIAL ANTARCTIQUE
ANTARCTIQUE

# L'Europe occidentale

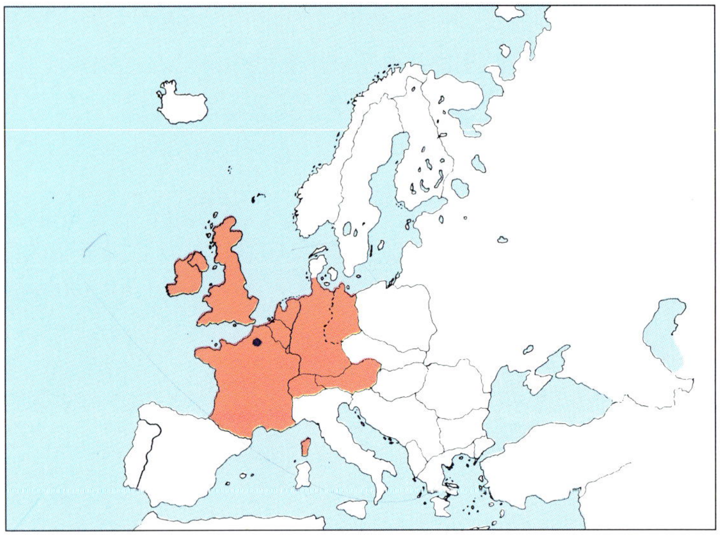

Beaucoup de pays peuplent l'Europe occidentale. Compte-les! En comparaison avec d'autres pays, ils sont très petits. Toutefois, il n'y a pas que la superficie d'une région qui compte. Il faut aussi tenir compte du nombre d'habitants, de l'argent qui y est gagné, de la production des entreprises, des récoltes agricoles.
Lorsque tu analyses le nombre d'habitants ainsi que la santé de l'agriculture et de l'industrie, l'Europe occidentale n'apparaît pas tellement minuscule!

## Un environnement urbain et rural

La majorité des Européens de l'ouest vivent en ville. Paris, avec ses 8 millions d'habitants, est la plus grande ville d'Europe occidentale.
La répartition des villes en Europe occidentale n'est pas homogène. Beaucoup sont concentrées dans des régions particulières, appelées régions urbaines. La Rhur, en Allemagne, constitue un bon exemple de région urbaine. Outre ce type de région, il y a aussi les régions rurales, caractérisées par un espace réservé à la nature et à l'agriculture. Ce sont principalement la France, la Suisse et l'Autriche qui contiennent de grandes régions rurales.

## Climats et paysages d'Europe de l'Ouest

Le climat des pays d'Europe de l'Ouest est très homogène car ces pays se situent près de la mer. Dès lors, les hivers ne sont pas trop froids ni les étés trop chauds.
Par contre, les paysages des régions ouest-européennes sont très différents. Ainsi les Pays-Bas sont-ils tout à fait plats tandis que la plus grande partie de la Suisse est constituée de montagnes. Dans le passé, les Pays-Bas et l'ouest de la Belgique durent lutter contre la mer, dont le niveau est plus élevé que celui de la terre. Pour éviter les inondations, les hommes construisirent des digues il y a déjà quelques siècles. Aux Pays-Bas, quelque 3.000 kilomètres de digues furent ainsi construits.
Dans les pays alpins, les inondations ne sont pas à craindre. Certains sommets culminent à 4.000 mètres au-dessus du niveau de la mer. Une épaisse couche de neige et de glace y subsiste en permanence.
Entre les plaines du nord et les montagnes de Suisse et d'Autriche s'étend un paysage de collines et de petites montagnes.
En Allemagne, la transformation du paysage est très visible. Le nord constitue une vaste plaine, tout comme en Belgique et aux Pays-Bas. Le paysage un peu plus au sud est plus vallonné. Ensuite viennent des hautes collines et des montagnes. Dans le sud du pays, on se trouve dans les Alpes. Le paysage du nord et de l'ouest de la France constitue une vaste plaine alors que le centre est vallonné et montagneux. La frontière entre la France et l'Espagne se présente sous forme de hautes montagnes: les Pyrénées.

OCEAN
ATLANTIQUE
ROYAUME-
UNI
Mer du Nord
Shannon
Dublin
IRLANDE
Amsterdam
PAYS-BAS
Londres
Thames
Elbe
Weser
Berlin
ALLEMAGNE
Bruxelles
BELGIQUE
Bonn
Rhin
Manche
Paris
LUX.
Meuse
Seine
Loire
Donau
Vienne
Berne
SUISSE
AUTRICHE
FRANCE
Golfe de
Gascogne
Garonne
Rhône
Mer
Méditerranée

*A gauche: l'industrie est l'atout de l'Europe de l'Ouest.*
*Au milieu: la France est connus pour son vin.*
*A droite: le mur de Berlin, symbole de la guerre froide.*

## L'industrie en pleine activité

L'Europe de l'Ouest regroupe beaucoup de régions industrielles. Le nombre de routes, de voies ferrées et de canaux est également impressionnant. Le long des côtes, on trouve de très grands ports tels que Rotterdam, Anvers, Londres et Hambourg. Le port de Rotterdam est même le plus grand du monde! D'énormes navires y entrent et sortent pour charger et décharger leur cargaison. Beaucoup de marchandises, après avoir été débarquées sur les quais, sont chargées dans de plus petits bateaux, qui remontent le Rhin en direction de l'Allemagne et de la Suisse. Ces produits sont vitaux pour l'industrie allemande, parmi laquelle se retrouvent de nombreuses marques célèbres. Les connais-tu? Mercedes Benz, BMW ou Bosch. Le Royaume-Uni abrite également de nombreuses entreprises. Ce pays est, il est vrai, la plus ancienne nation industrielle au monde. La vie laborieuse que menaient les gens dans ces régions se remarque encore à certains endroits. De petites maisons aux vieilles cheminées ont été noircies par la fumée toxique. Ces endroits étaient peu salubres. A l'heure actuelle, la population vit à l'écart des usines. Beaucoup de gens ont acquis une belle propriété. Chaque jour, ils font la navette entre leur maison et le travail.

### LES QUATRE LANGUES DE LA SUISSE

La Suisse est un des plus petits pays d'Europe de l'Ouest. Et pourtant on y parle quatre langues. La majorité des habitants parle l'allemand. Dans l'ouest du pays, on parle le français. Dans le sud, on parle l'italien et le romanche. Le romanche est un dialecte latin.
Un pays quadrilingue est source de problèmes. Par exemple, quelle abréviation apposer sur les autos? Les Suisses ont été très malins. Ils ont opté pour CH, abréviation de l'appellation latine Confederatio Helvetica (Confédération helvétique). Dès lors, aucun groupe linguistique ne s'est senti lésé.

## L'agriculture et le tourisme ont leur importance

Il n'y a pas que l'industrie qui soit productive en Europe de l'Ouest. Il y a aussi l'agriculture. Les vignobles français sont très réputés. Chaque année, des milliers de litres de vin y sont produits! Les Alpes sont d'une grande importance pour la Suisse et l'Autriche car énormément d'autres Européens viennent y passer leurs vacances. L'été, on peut y faire des randonnées à pied, tandis que l'hiver, on y skie.

### Tableau de données

| Pays | Habitants | Capitale | Langue | Monnaie |
|---|---|---|---|---|
| Royaume-Uni | 56 millions | Londres | anglais | livre sterling |
| Irlande | 3,4 millions | Dublin | angl.,irlandais | livre irlandaise |
| Allemagne (Est et Ouest) | 79 millions | Bonn, Berlin | allemand | mark |
| France | 54 millions | Paris | français | franc français |
| Belgique | 10 millions | Bruxelles | néerl., fr., all. | franc belge |
| Pays-Bas | 14,5 millions | Amsterdam | néerlandais | florin |
| Luxembourg | 400 mille | Luxembourg | fr., all., lux. | franc lux. |
| Autriche | 7,6 millions | Vienne | allemand | schilling |
| Suisse | 6,5 millions | Berne | all., fr., it., romanche | franc suisse |
| Liechtenstein | 30 mille | Vaduz | allemand | franc suisse |

# L'Europe septentrionale

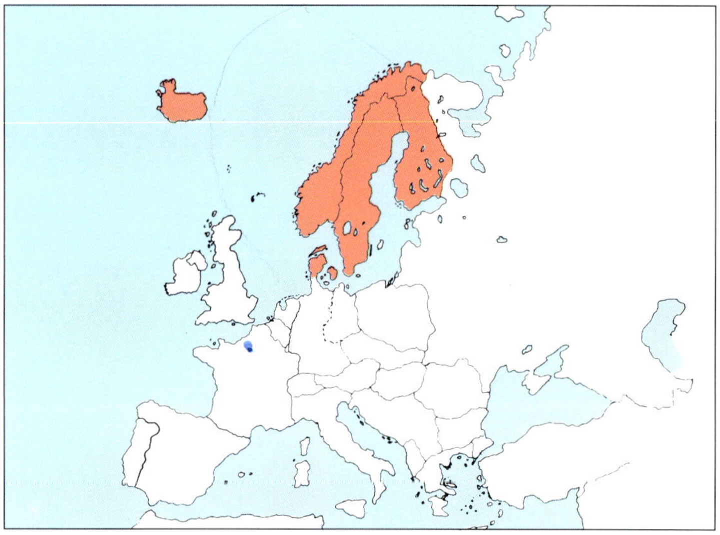

L'Europe septentrionale est une région peu peuplée. Elle constitue une étendue de forêts, où l'on peut se balader durant des jours sans rencontrer âme qui vive. Le paysage est varié. Il y a des montagnes, des collines, des bois, des lacs et des rivières. Les plus grandes villes sont Oslo, Copenhague, Stockholm et Helsinki. Les villes sont toutes situées au bord ou à proximité de la mer. Celle-ci s'est toujours révélée très importante pour les populations d'Europe septentrionale. Jadis, les contacts avec le reste du monde se faisaient par la mer. Actuellement, cette dernière est surtout vitale pour la pêche.

## Paysages et climats d'Europe septentrionale

La carte d'Europe septentrionale te montre trois pays étendus: la Norvège, la Suède et la Finlande. La côte norvégienne est faite de baies. Les montagnes surplombent la mer. Les sommets sont recouverts de neige. En passant de Norvège en Suède, le paysage s'adoucit, les montagnes cèdent la place à des collines. L'est, la Finlande, est encore plus plat. Les lacs et les rivières y abondent. Les rapides ne sont pas rares. Outre la Norvège, la Suède et la Finlande, comptent parmi les pays d'Europe septentrionale l'Islande et le Danemark. L'Islande est une grande île comportant des volcans et des geysers. Peu de gens y habitent. Le Danemark est deux fois plus petit que l'Islande, mais sa population est 21 fois plus nombreuse. Si tu examines attentivement la carte, tu verras que la capitale du Danemark, Copenhague, est sur une île. Le Danemark est le pays le plus plat d'Europe septentrionale. Il est constitué d'une grande presqu'île (Jutland) et de quelques centaines d'îles, dont beaucoup sont inhabitées. Le royaume du Danemark possède également le Groenland et les îles Féroé.

Les pays d'Europe septentrionale jouissent d'un climat différent. Surtout à la côte, où les hivers sont plus chauds que ce que l'on pourrait croire. Ceci s'explique par la présence du Gulfstream. Ce courant chaud nous amène de l'eau du golfe de Floride (Amérique). Comme il y fait très chaud, l'eau de mer est aussi chaude. Lorsqu'elle arrive en Europe, elle n'est pas tout à fait refroidie. A l'intérieur des terres, les hivers sont rudes. L'influence de la mer y est moins sensible. Il pleut et neige abondamment le long des côtes norvégiennes. Ceci est dû à la présence de montagnes en bord de mer. Tu as pu lire au chapitre 3 que l'air doit monter pour dépasser les montagnes, provoquant ainsi les chutes de pluie et de neige. De l'autre côté des montagnes, il pleut et il neige beaucoup moins.C'est pourquoi la Suède et la Finlande sont des pays plus secs que la Norvège.

## Les forêts et l'eau déterminent la vie

L'époque où l'Europe était dévastée par les Vikings est depuis longtemps révolue. Les drakkars ont disparu des mers. Toutefois, les Nord-Européens

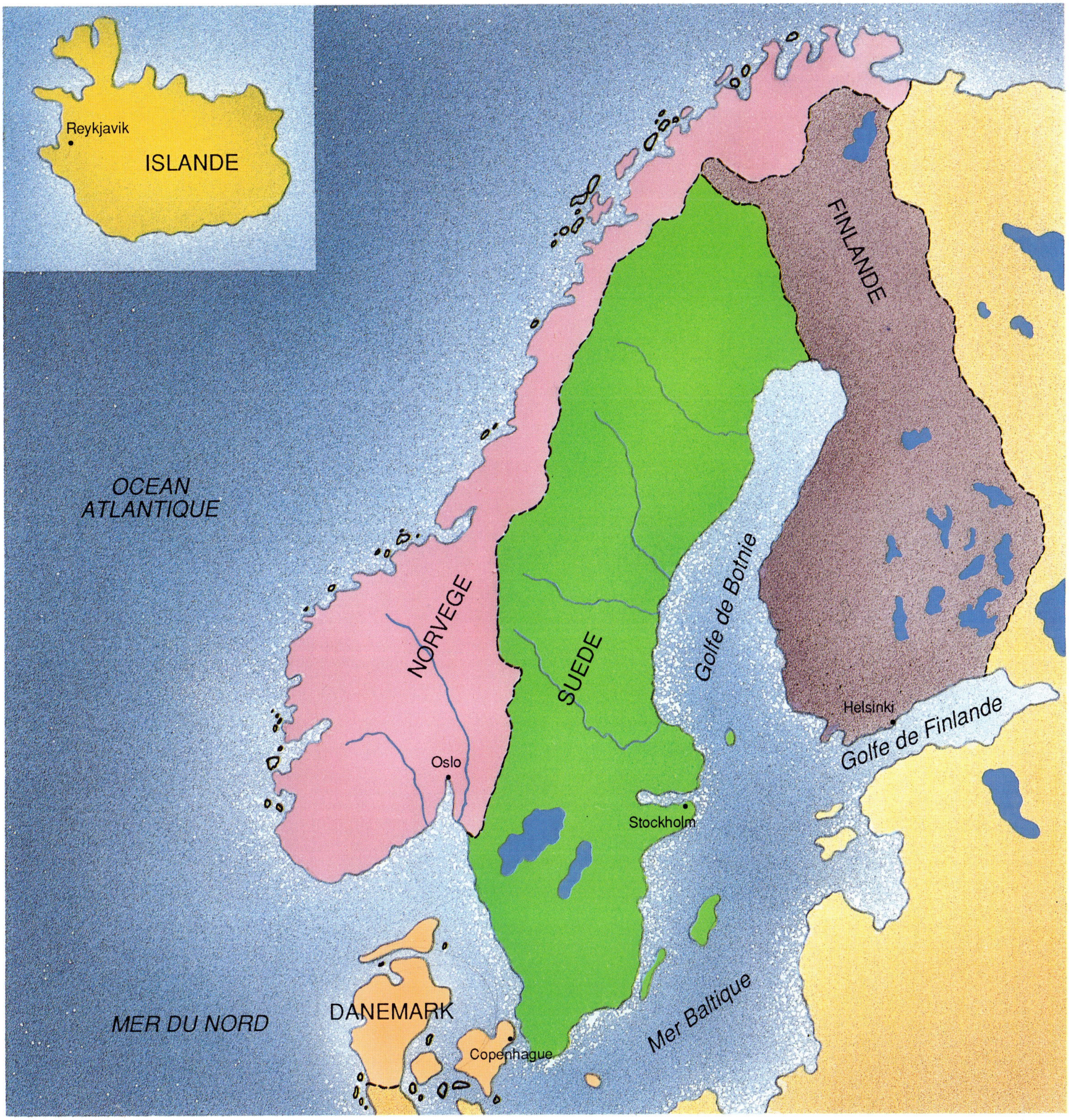
Reykjavik
ISLANDE
FINLANDE
OCEAN ATLANTIQUE
NORVEGE
SUEDE
Golfe de Botnie
Helsinki
Golfe de Finlande
Oslo
Stockholm
MER DU NORD
DANEMARK
Copenhague
Mer Baltique

En Finlande, on trouve de nombreux bois de conifères.

Les fjords norvégiens existaient à la période glaciaire.

ont gardé des liens avec la mer. Surtout en Norvège, où les chantiers de construction navale sont très nombreux. D'autres personnes gagnent leur vie grâce à la pêche. On pêche surtout le hareng et le cabillaud, que l'on pique sur un bâton avant de le laisser sécher au soleil. Il sera vendu sous le nom de morue séchée.

Les forêts sont aussi importantes pour les Nord-Européens. Beaucoup de maisons sont chauffées par un poêle à bois. Cependant, ce dernier n'est pas exclusivement destiné à cet usage. On l'utilise pour un tas d'autres choses. On en fait du papier, des meubles, des allumettes et même des maisons. Pour le transport des arbres, les Suédois et les Finlandais ont imaginé un système astucieux. En les jetant dans la rivière, les troncs sont acheminés par le courant à bon port.

L'eau des rivières peut avoir d'autres utilités. Des installations hydrauliques ont été installées en de nombreux endroits afin de produire de l'électricité. Celle-ci est produite au moyen de grosses turbines. Le courant fait tourner ces turbines à grande vitesse. A l'extrémité des turbines se trouvent des

### LES LAPONS

La plupart des peuples possèdent un pays où ils peuvent habiter. Toutefois, d'autres n'ont pas de pays à eux. Par exemple, les Lapons.

La région où ils vivent s'appelle la Laponie. Elle se situe à l'extrême-nord de l'Europe septentrionale. La Laponie fait partie de quatre pays: la Norvège, la Suède, la Finlande et l'Union Soviétique.

Les étés y sont très courts. Les Lapons vivent du renne. Ils en vendent la viande et la peau.

*Un fjord est caractérisé par des montagnes et peu de soleil.*

*Les geysers réchauffent les serres en Islande.*

axes, eux-mêmes reliés à des dynamos. Ce sont ces dernières qui produisent l'électricité. En Islande, l'homme a découvert une autre source d'énergie. Dans le chapitre 4, tu as lu que les bords des plaques tectoniques étaient le théâtre d'activités volcaniques, de tremblements de terre et de geysers. C'est également le cas en Islande. L'homme se sert de l'eau chaude des geysers pour des usages multiples. Cette eau sert par exemple à réchauffer les serres. La plaine du Danemark est propice au développement de l'agriculture moderne. Dès lors, l'élevage et l'exploitation des sols constituent d'importants moyens de subsistance.

**Tableau de données**

| Pays | Habitants | Capitale | Langue | Monnaie |
|---|---|---|---|---|
| Norvège | 4,2 millions | Oslo | norvégien | couronne norv. |
| Suède | 8,5 millions | Stockholm | suédois | couronne suéd. |
| Finlande | 5 millions | Helsinki | finnois, suédois | mark finl. |
| Danemark | 5,2 millions | Copenhague | danois | couronne dan. |
| Islande | 250 mille | Reykjavik | islandais | couronne isl. |

# L'Europe orientale

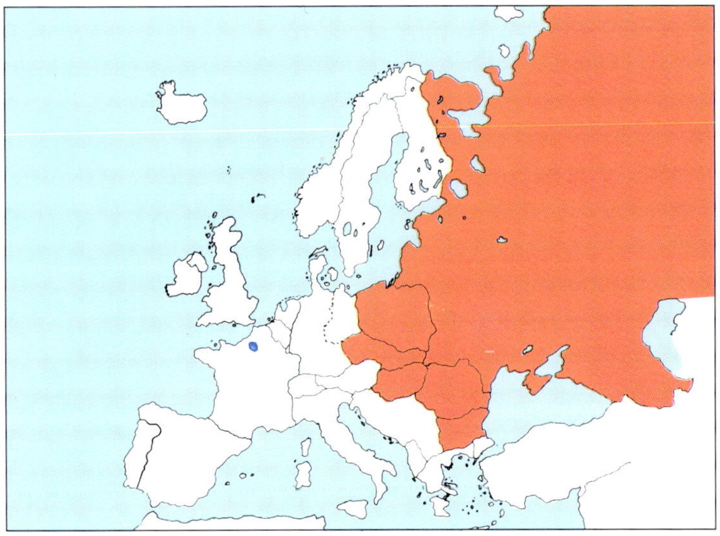

L'Europe de l'Est ou orientale offre des paysages variés. De hautes montagnes succèdent aux vastes plaines. De tristes régions industrielles côtoient de magnifiques villes anciennes. L'Union Soviétique est le plus grand pays d'Europe de l'Est. La plus grande partie du pays se situe d'ailleurs en Asie et non en Europe.

## Climats et paysages d'Europe orientale

Les pays d'Europe de l'Est jouissent d'un climat de transition entre le climat maritime et le continental. Un climat maritime gratifie les pays d'un hiver moins rude et d'un été moins chaud. Un climat continental provoque l'inverse. Les étés sont chauds et les hivers froids. Il y pleut et il y neige moins souvent. L'Europe de l'Est regroupe des traits de chacun des deux climats.
Le nord de l'Europe de l'Est abrite la Pologne. Il y fait très plat et les lacs y sont nombreux. Le relief plat est propice à l'agriculture. C'est pourquoi des fermes sont disséminées un peu partout. Dans le sud de la Pologne, le relief est un peu plus vallonné. C'est là que prend naissance une chaîne de montagnes géante: les Carpates. La plus grande partie de la Tchécoslovaquie est constituée de montagnes. Dans l'ouest de ce pays coule un fleuve, l'Elbe, que de nombreux artistes ont peint et sur la rive duquel est située la capitale: Prague. En descendant vers le sud, on arrive en Hongrie. Ce pays est moins montagneux. On y trouve un très grand lac, le lac Balaton. Beaucoup de touristes y passent leurs vacances. La Hongrie est le pays des ''pousta'', ce qui signifie ''plaine inhabitée''. Jadis, ces pousta étaient des prairies immenses. A perte de vue, ce n'était que de l'herbe, de l'herbe et encore de l'herbe. Aujourd'hui, beaucoup de ces prairies ont été transformées en cultures fertiles. A l'est, la Hongrie a pour voisin la Roumanie. A l'instar de la Tchécoslovaquie, la Roumanie est un pays montagneux. Des stations de ski fréquentées y ont été implantées.Dans le sud du pays coule le fleuve Danube. Dans cette région, le relief est plus plat. Le fleuve se jette dans la mer Noire. A l'extrême sud de l'Europe de l'Est se trouve la Bulgarie, qui borde également la mer Noire. De l'autre côté de celle-ci, en Union Soviétique, s'élève un énorme massif montagneux: le Caucase. L'Elbrous est, avec ses 5.633 mètres, le sommet le plus élevé d'Europe. Au sud, le Caucase forme la limite qui sépare l'Asie de l'Europe. Dans l'est, il y a un autre massif montagneux qui sépare les deux continents: l'Oural. Le plus grand pays d'Europe, l'Union Soviétique, présente un relief vallonné. De très grands fleuves, tels que la Volga et le Dniepr se jettent dans la mer Noire et la mer Caspienne.

## L'Europe de l'Est en plein développement

Ces dernières années ont vu des modifications s'opérer. Beaucoup de pays d'Europe de l'Est ont changé de gouvernement. Une de leurs missions importantes est d'enrichir le pays. Bon nombre d'entre eux sont encore pauvres en comparaison

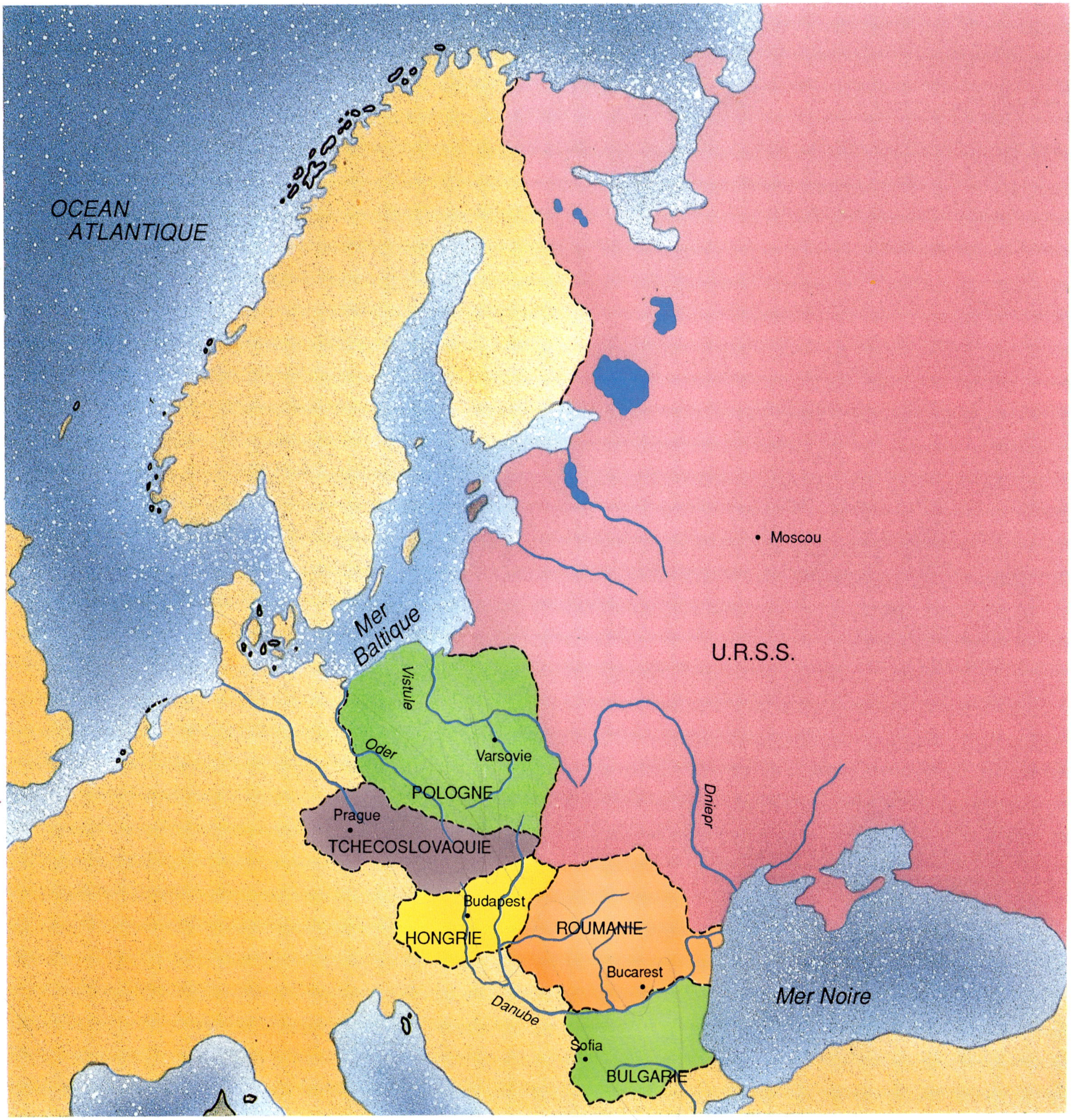
OCEAN ATLANTIQUE
Moscou
Mer Baltique
U.R.S.S.
Vistule
Oder
Varsovie
POLOGNE
Prague
TCHECOSLOVAQUIE
Dniepr
Budapest
HONGRIE
ROUMANIE
Bucarest
Danube
Mer Noire
Sofia
BULGARIE

avec l'Europe de l'Ouest. C'est pourquoi une attention particulière est portée au développement de l'industrie. Les pays de l'Est ont une industrie lourde impressionnante. L'industrie lourde fournit les matières premières nécessaires aux entreprises qui fabriquent des produits. Les hauts fourneaux constituent un exemple d'industrie lourde. Ils transforment le minerai de fer en acier. L'industrie lourde pollue gravement l'eau et l'atmosphère. Etant donné que les pays de l'Est ne sont pas tellement riches, ils ne disposent pas de l'argent nécessaire à la protection de l'environnement. Ce problème s'est récemment aggravé. Ainsi la Tchécoslovaquie est-elle le pays le plus pollué d'Europe.

En Union Soviétique, de grandes fermes ont été construites. Les fermiers vivent en communautés dans de grands villages. Pendant longtemps, ils ont reçu un salaire fixe. Peu importait si la récolte avait été bonne ou non. A présent, la plupart des agriculteurs ont obtenu un morceau de terre qu'ils cultivent à leur gré. L'argent qu'ils peuvent en tirer leur appartient désormais.

*En haut à gauche: La cathédrale Saint-Basil à Moscou.*
*En haut à droite: La Place Rouge, la carte de visite de l'URSS.*
*En bas à gauche: Les Européens de l'Est attendent un avenir meilleur.*
*En bas à droite: Des jeunes filles polonaises dans leur costume folklorique.*

LE DRAPEAU DE L'UNION SOVIÉTIQUE

Le drapeau de l'Union Soviétique est intégralement rouge. Le rouge est la couleur du communisme. En haut à gauche, tu peux voir un marteau et une faucille. Une faucille sert à couper la paille. Elle symbolise donc les travailleurs des champs tandis que le marteau symbolise les travailleurs en usine.

## Tableau de données

| Pays | Habitants | Capitale | Langue | Monnaie |
|---|---|---|---|---|
| Union Soviétique | 266 millions | Moscou | russe | rouble |
| Tchécoslovaquie | 15,4 millions | Prague | tchèque, slovaque | couronne |
| Roumanie | 22,4 millions | Bucarest | roumain | leu |
| Pologne | 35,7 millions | Varsovie | polonais | zloty |
| Hongrie | 10,8 millions | Budapest | hongrois | forint |
| Bulgarie | 9 millions | Sofia | bulgare | lev |

# L'Europe méridionale

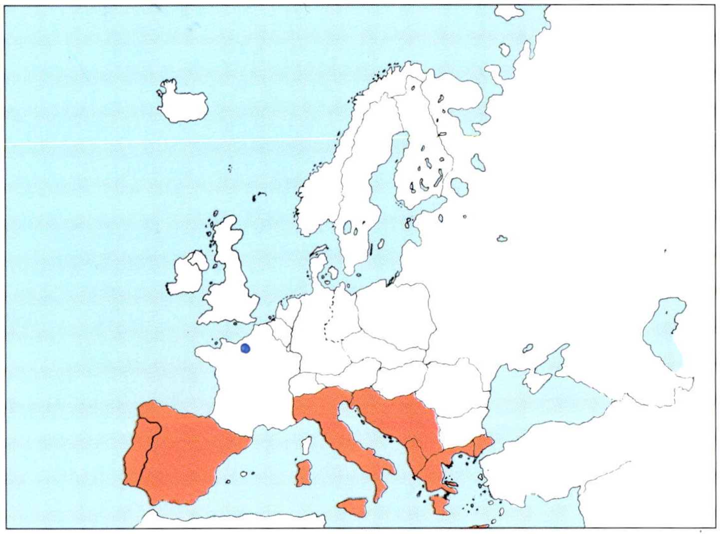

Soleil, mer et plages. Voilà ce qu'évoque l'Europe méridionale aux yeux de beaucoup. Pourtant, on y trouve bien plus que le soleil et la mer. Il y a également d'anciens bâtiments splendides, qui attestent la richesse et la culture des gens d'autrefois. Actuellement, de grandes régions de l'Europe méridionale sont riches. Cependant, si on se penche sur la situation dans les campagnes, on constate que tout le monde ne vit pas dans la richesse. Dans certaines régions, la misère est même grande.

## Climats et paysages d'Europe méridionale

En Europe méridionale, les étés sont délicieux. Ceci s'explique par une situation plus rapprochée de l'équateur que, par exemple, dans le cas de l'Europe de l'Ouest. L'été, le soleil luit presque constamment dans un ciel bleu. L'hiver, les températures restent agréables même si le ciel bleu a disparu. Au cours de cette saison, le vent est souvent à l'ouest. Ce vent a donc traversé l'océan Atlantique, rendant ainsi la masse d'air humide. Tellement humide qu'il pleut souvent.

A l'exception du Portugal, les pays d'Europe méridionale bordent la Méditerranée. Les rivages de cette mer abritent de nombreuses stations balnéaires connues.

Le paysage y est montagneux. Souvent, les montagnes se jettent dans la mer. Jadis, leurs flancs étaient couverts de forêts. L'homme trouva maints usages pour le bois. Il s'en servit pour construire des bateaux, des maisons ou pour se chauffer. C'est pourquoi la plupart des forêts ont été défrichées. Le climat très sec ne laissa aucune chance de survie aux jeunes arbres. A leur place poussèrent des buissons, dont les feuilles à l'aspect de cuir absorbent beaucoup d'eau. Ainsi survivent-ils dans une région très sèche.

## Le contraste entre les riches et les pauvres

Actuellement, l'Europe méridionale connaît en même temps la richesse et la pauvreté. Les différences de bien-être sont énormes. Il y a des régions pauvres et des régions riches. L'Italie en constitue un bon exemple. Le nord du pays est riche. De grandes usines permettant aux gens de gagner beaucoup d'argent s'y sont implantées. Ainsi le fabricant d'autos Fiat est-il installé à Turin, dans le nord de l'Italie. Par contre, le sud est pauvre. Les industries ne s'y implantent pas car il n'y a pas de matières premières. De plus, les routes et les voies ferrées sont rares. Un chef d'entreprise y réfléchit à deux fois avant de s'installer dans le sud de l'Italie. Comme il y a très peu d'entreprises, le chômage est élevé. Ceux qui travaillent sont principalement employés par le secteur agricole. Toutefois, l'agriculture emploie encore des techniques révolues. La raison en est que la terre appartient à quelques riches. Ils emploient une main-d'œuvre agricole à bon marché pour exploiter les terres. Eux-mêmes habitent dans des maisons cossues en ville. Les fermiers ne disposent pas de machines pour les aider. Dès lors, les récoltes restent maigres, ce qui fait que les agriculteurs reçoivent peu d'argent. La situation s'est heureusement améliorée au cours de ces dernières années. Le gouvernement italien fait de son mieux pour aider le sud. Des routes modernes sont aménagées. Les entreprises qui s'implantent dans le sud ont moins d'impôts à verser, etc.

## Le tourisme favorise l'Europe méridionale

Heureusement pour l'Europe du Sud, elle attire

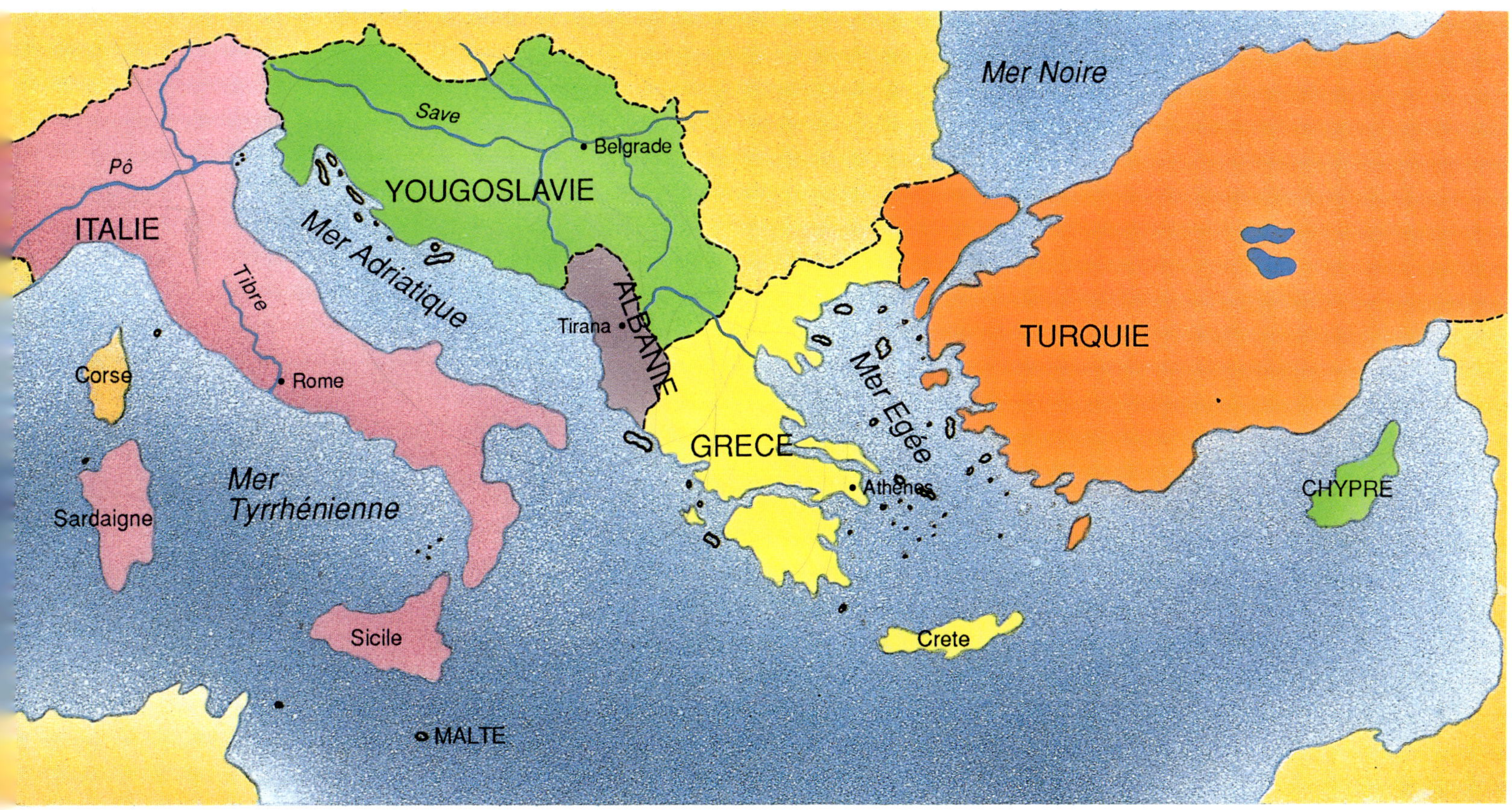

**LE PREMIER MARATHON**

Sais-tu que le premier marathonien était Grec? Savais-tu que le marathon trouve l'origine de sa longueur et de sa dénomination en Grèce? Il y a très longtemps, les Grecs et les Perses étaient en guerre. A l'endroit dénommé Marathon se déroula une bataille. Les Grecs vainquirent. Or, ils tenaient à annoncer cette bonne nouvelle le plus rapidement possible à la capitale. A l'époque, le téléphone et la poste n'existaient évidemment pas. Un messager colportait les nouvelles d'une ville à l'autre. Un de ces messagers était si pressé d'annoncer la victoire qu'il accomplit la distance entre Marathon et Athènes d'une traite en courant. Arrivé dans la capitale, il cria:''Nous avons gagné!'' Puis il s'écroula, mort. La distance qu'il avait accomplie était de 42 kilomètres et 195 mètres. C'est encore la distance que courent les marathoniens d'aujourd'hui.

*En haut à gauche: dans l'Antiquité, la Grèce était un pays puissant et prospère. Les nombreux temples et monuments anciens en sont les témoins silencieux.*

*En haut à droite: L'Espagne est un célèbre pays de vacances. Le tourisme y est une très importante source de revenus.*

*En-dessous: le célèbre pont «Ponte Vecchio» à Florence en Italie. Florence est une ville riche en musées.*

beaucoup de touristes. Ceci encourage les rentrées d'argent. Prenons l'exemple de la Grèce. Ce pays est rocailleux et aride. Les anciens Grecs disaient que Dieu avait utilisé un tamis lorsqu'il créa la Terre. Il triait la bonne terre des pierres, qu'il jetait derrière lui. Celles-ci retombèrent à l'endroit de la Grèce actuelle. Tu comprends facilement qu'une terre rocailleuse est peu propice à la culture de plantes. Mais même l'industrie grecque connaît des problèmes. Le pays possède peu de matières premières. En outre, les nombreuses roches empêchent un transport facile de celles-ci. Le pays a vécu dans la pauvreté pendant des années. Toutefois, de beaux paysages et un beau climat ont fini par attirer les touristes. C'est ainsi que le bien-être des Grecs s'est quelque peu amélioré.
L'Espagne est le pays qui accueille le plus de touristes. Tu as certainement déjà entendu parler de la Costa Brava et la Costa del Sol. Peut-être y es-tu même déjà allé!
Il n'y a pas que le tourisme qui rapporte de l'argent. Une grande partie des revenus provient des entreprises. Citons à ce propos le fabricant de voitures Seat. La production la plus importante de l'agriculture est celle des oranges. Elles sont distribuées dans toute l'Europe.

## Tableau de données

| Pays | Habitants | Capitale | Langue | Monnaie |
|---|---|---|---|---|
| Portugal | 10 millions | Lisbonne | portugais | escudo |
| Espagne | 37,5 millions | Madrid | espagnol | peseta |
| Italie | 57,5 millions | Rome | italien | lire |
| Yougoslavie | 22,5 millions | Belgrade | serbo-croate<br>slovène<br>macédonien | dinar |
| Albanie | 3 millions | Tirana | albanais | lek |
| Grèce | 10 millions | Athènes | grec | drachme |
| Turquie (avec sa partie asiatique) | 45,5 millions | Ankara | turc | livre turque |
| Malte | 400 mille | La Valette | maltais, anglais | livre maltaise |
| Chypre | 650 mille | Nicosie | grec, turc | livre chypriote |

# La Communauté Européenne

Si tu as observé attentivement la carte d'Europe, tu auras remarqué qu'elle comporte de nombreux pays. Après la Seconde Guerre mondiale, certaines personnalités européennes se sont concertées. Elles croyaient en une coopération qui rendrait les pays plus forts. Ce qui est vrai. Tout seul, tu es beaucoup moins fort qu'avec un groupe d'amis. Depuis lors, douze pays se sont unis: le Royaume-Uni, l'Irlande, le Danemark, les Pays-Bas, La Belgique, le Portugal, l'Italie, l'Allemagne, la Grèce, le Luxembourg, la France, l'Espagne.

## Pourquoi coopérer?

Les 12 pays de la Communauté Européenne n'ont pas coopéré pour rien. Les raisons étaient justifiées. Les deux Guerres mondiales constituèrent un facteur décisif. Depuis des siècles, les différents pays européens se faisaient la guerre. Les conflits étaient réguliers et longs. Mais aucun d'entre eux ne fut aussi pénible que les deux Guerres mondiales, au cours desquelles beaucoup d'Européens perdirent la vie. Après 1945, certaines personnalités prônèrent l'idée selon laquelle si les pays coopéraient plus, il n'y aurait plus de guerres. Ceci marqua le début de la coopération. Une autre raison fut également décisive: l'après-guerre démontrait l'importance prise par l'Amérique du Nord et l'Union Soviétique. La prédominance séculaire des pays européens était bel et bien passée. Pour éviter qu'ils ne perdent trop de pouvoir, la coopération était dès lors nécessaire.

## De la CECA à la CEE

1951 vit naître l'institution de la Communauté Economique du Charbon et de l'Acier (CECA). 6 pays y prenaient part: la France, l'Allemagne de l'Ouest, l'Italie, la Belgique, les Pays-Bas et le Luxembourg.

Juste après la guerre, le charbon et l'acier étaient importants car ils constituaient les matières premières de nombreuses entreprises. Très vite, ces pays comprirent qu'une coopération s'imposait également dans d'autres domaines. C'est pourquoi furent fondées en 1957 la Communauté Economique Européenne (C.E.E.) et l'Euratom. Les six pays allaient donc également coopérer pour le commerce et l'énergie nucléaire.
En 1967, la CECA, la CEE et l'Euratom furent rassemblées au sein d'une seule et même communauté, appelée les ''Communautés Européennes''. Depuis lors, de nouveaux pays sont venus s'ajouter aux six pays fondateurs: le Royaume-Uni, le Danemark, l'Irlande, la Grèce, le Portugal et l'Espagne.
Les douze coopèrent également au plan social. Ils veulent hausser le niveau de vie de leurs habitants aussi bien dans le domaine financier que social. Dès le 1er janvier 1993, les frontières entre pays-membres seront abolies. Cette mesure favorisera grandement le développement économique.

### LE BENELUX

Dès la fin de la Seconde Guerre mondiale, trois pays décidèrent de coopérer. La Belgique, les Pays-Bas et le Luxembourg formèrent ainsi le Benelux (BE de Belgique, NE de Nederland et LUX de Luxembourg). A l'origine, ces pays envisagèrent d'ouvrir les frontières. Dès lors, pour passer d'un pays à l'autre, le passeport n'était plus nécessaire.
Lorsque la Communauté Européenne fut créée, les pays du Benelux y participèrent. Cependant, le Benelux ne fut pas dissout. Cette situation convenait à la CEE puisque bon nombre de décisions pouvaient d'abord être testées sur le Benelux. En premier lieu, celui-ci instituait une mesure qui, si elle était jugée efficace, était alors appliquée par la CEE. Par contre, les décisions qui s'avéraient moins efficaces n'étaient pas reprises par la Communauté. Le Benelux servait en quelque sorte de cobaye à la CEE.

*A gauche: le drapeau européen, chaque étoile représente un pays.*
*Au milieu à gauche: la CEE est une puissance économique.*
*Au milieu à droite: la CEE fait accroître le transport.*
*A droite: le passeport européen.*

# L'Amérique du Nord

L'Amérique du Nord est un continent très hétéroclite. On y trouve des déserts arides mais aussi des toundras glacées. De hautes montagnes situées du nord au sud s'élèvent dans le paysage. Il y a aussi des marais vaporeux.
Trois pays occupent l'Amérique du Nord: le Canada, les Etats-Unis d'Amérique et le Groenland. Ils totalisent à eux trois 250 millions d'habitants, originaires de tous les coins du monde. Il n'existe certainement pas de pays d'où ne proviennent des émigrants installés en Amérique du Nord.

*Les Montagnes Rocheuses constituent un beau domaine.*

## Climats et paysages d'Amérique du Nord

Nous débuterons notre visite dans l'extrême nord du Canada et au Groenland. Les hivers y sont longs et les températures peuvent descendre jusqu'à -50°C. Les étés sont courts. Le thermomètre dépasse très rarement les 20°C. Le sous-sol est constamment gelé. Lorsque le sol commence à dégeler, les petites rivières et les lacs gonflent. Comme le sol est gelé en profondeur, l'eau ne peut s'infiltrer. Ce rude climat empêche la croissance des arbres. Seule l'herbe pousse. Toutefois, l'été voit éclore de jolies petites fleurs colorées.
En descendant vers le sud, le climat est quelque peu plus agréable. Des arbres y croissent. Ce sont principalement des épineux et des conifères. A l'ouest s'élèvent les Montagnes Rocheuses. En fait, ce massif se divise en trois parties. Le long de la côte, on trouve une longue rangée de sommets. En hiver, les précipitations sont abondantes. Le vent qui souffle de l'océan fait monter l'air le long des montagnes. Le chapitre 3 t'a appris que ce phénomène déclenche la pluie et la neige.
A l'intérieur des terres, on trouve une région assez élevée, sans toutefois abriter de hauts sommets. Ici, la sécheresse règne. Plus à l'est, nous rencontrons les plus hauts sommets des Montagnes Rocheuses. Certains dépassent les 4.000 m.
Si on continue vers l'est, on quitte les montagnes pour arriver dans la région des ''Great Plains'', ce qui signifie ''Grandes Plaines''. Jadis, ce territoire constituait une grande prairie: l'herbe s'étendait à perte de vue. Actuellement, ces terres sont devenues la région agricole la plus importante au monde. Une grande partie des céréales en provient.
La culture des terres s'arrête près des Appalaches. Le sol y est trop mauvais. Les montagnes des Appalaches ne sont pas très élevées. Elles sont couvertes de forêts de feuillus.
A l'est des Appalaches, on aperçoit la côte avec les grandes villes telles que New York, Boston, Philadelphie et Washington. C'est dans cette région que les Européens foulèrent pour la première fois le sol américain.

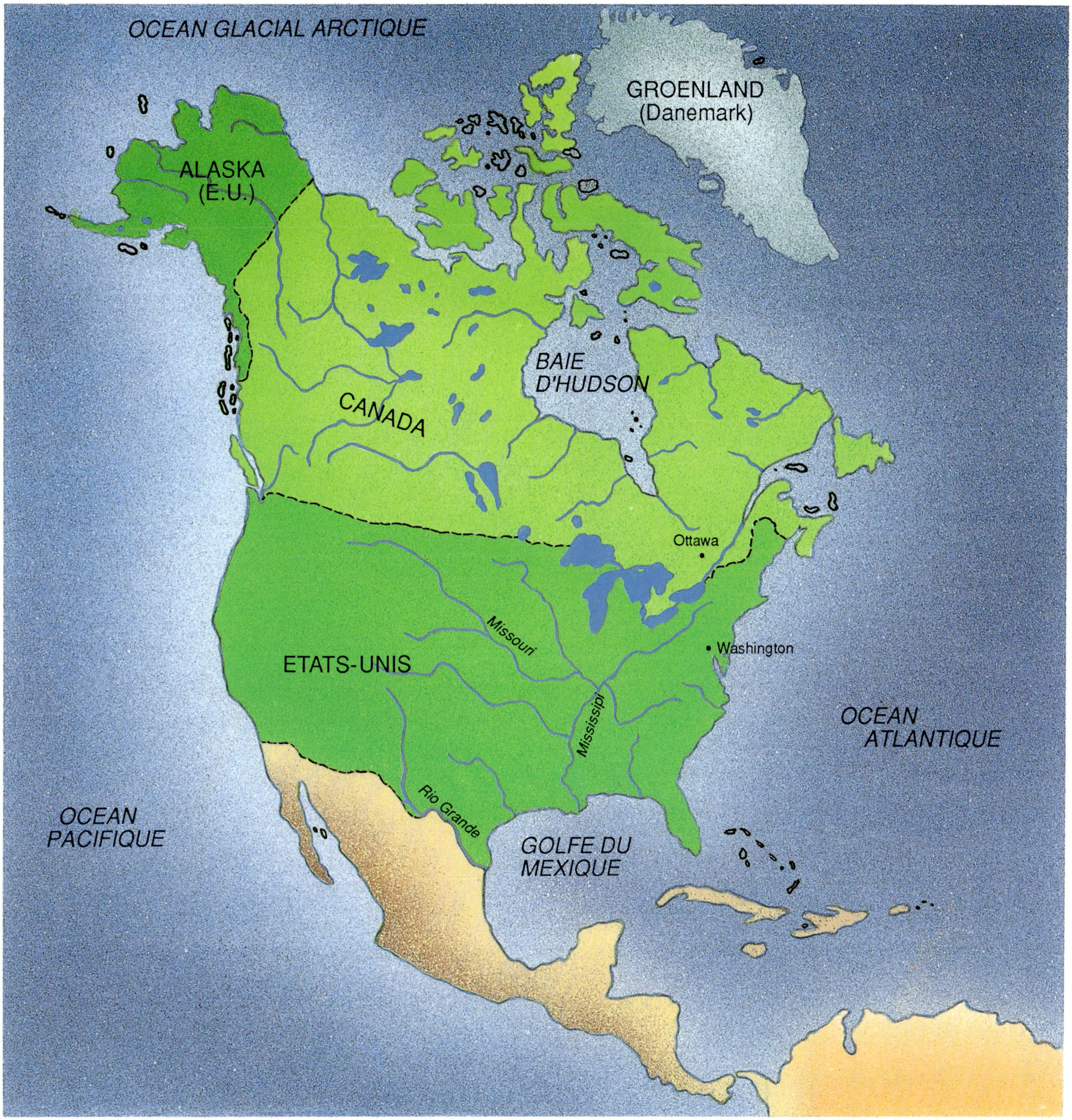
OCEAN GLACIAL ARCTIQUE
GROENLAND
(Danemark)
ALASKA
(E.U.)
BAIE
D'HUDSON
CANADA
Ottawa
Missouri
Washington
ETATS-UNIS
Mississipi
OCEAN
ATLANTIQUE
Rio Grande
OCEAN
PACIFIQUE
GOLFE DU
MEXIQUE

Les chutes du Niagara, à la frontière du Canada et des Etats-Unis sont réputées pour leur forme en fer-à-cheval.

Au-dessus: le profil de Manhattan, à New York.
En dessous: différentes races et nationalités côte à côte.

## La riche Amérique

Quelque 250 millions d'habitants peuplent l'Amérique du Nord. La majorité d'entre eux vivent en ville. De hauts immeubles y ont été construits. New York est réputée pour ses ''gratte-ciel''. Depuis la découverte de l'Amérique du Nord, le continent s'est considérablement enrichi. De l'argent a été gagné dans tous les domaines. Dans le nord, on exploite le bois. Une grande partie du papier mondial est fait à partir de bois américain ou canadien. La pêche est également importante. Devant les côtes de l'Alaska, par exemple, c'est surtout le saumon qui est pêché. Sur la côte est, la pêche constitue aussi une activité essentielle. En descendant vers le sud, nous pénétrons dans une vaste plaine. Tu as déjà pu lire que jadis, l'herbe s'étendait à perte de vue en prairies. A l'heure actuelle, elles ont été transformées en champs de céréales. Dans le sud, les anciennes prairies ont

*Chaque habitant des E.U. a un sentiment national développé et le fait sentir.*

### POUR UNE BOUCHÉE DE PAIN

L'Alaska est le plus grand état des Etats-Unis. Peu de personnes y habitent. L'Alaska se situe à l'extrême nord du continent. Il y fait très froid. Jadis, cette région n'appartenait pas aux Etats-Unis mais à l'Union Soviétique.
Celle-ci pensait que ces terres n'avaient aucune valeur. C'est pourquoi, en 1867, elle vendit l'Alaska aux Américains pour 7 millions de dollars. Ces derniers firent une bonne affaire car cent ans plus tard, du pétrole y fut découvert, ce qui enrichit par ailleurs la région.

cédé la place aux champs de coton.
Le sous-sol regorge également de pétrole. Il est donc pompé du sol afin de servir de carburant pour les voitures et de combustible pour les usines. C'est pourquoi le sud est tellement industriel. Les autres grandes régions industrielles sont situées près des Grands Lacs, à la frontière des Etats-Unis et du Canada. On y construit entre autres des avions. La région des Grands Lacs propose également une attraction touristique célèbre: les chutes du Niagara. Des bateaux s'en approchent afin que les touristes les contemplent de plus près. Le tourisme est aussi de mise en Floride, dans le sud-est des USA. Le climat y est très chaud et les plages magnifiques y sont nombreuses. Beaucoup de retraités américains ont opté pour cette terre de prédilection. Ils peuvent ainsi couler des jours heureux au soleil et face à la mer.

### Tableau de données

| Pays | Habitants | Capitale | Langue | Monnaie |
|---|---|---|---|---|
| Canada | 24 millions | Ottawa | anglais, français | dollar can. |
| USA | 228 millions | Washington D.C. | anglais | dollar US |
| Groenland | 52 mille | Godthab | danois, groenlandais | couronne danoise |

# L'Amérique Centrale et L'Amérique du Sud

L'Amérique Centrale et l'Amérique du Sud détiennent de nombreux records mondiaux en matière de paysages. C'est là que se trouvent le désert le plus aride, la plus grande forêt tropicale ainsi que la ville la plus élevée, La Paz, capitale de la Bolivie. Le point le plus au sud se situe à proximité du pôle Sud, c'est d'ailleurs le point le plus méridional habité par l'homme. L'Amérique Centrale et du Sud est le continent des extrêmes. Non seulement en matière de paysages, mais également en ce qui concerne les habitants. Les très riches y côtoient les très pauvres.

*Culture de bananes au Mexique.*

## Paysages et climats d'Amérique Centrale et du Sud

Le Mexique est le plus grand pays d'Amérique Centrale. Le paysage y est montagneux, certains sommets dépassent même 5.000 mètres. Le nord du Mexique abrite un désert très sec et très chaud. Peu de personnes y habitent. Par contre, le plateau du centre du Mexique est plus peuplé. Quoique ces terres soient élevées, on y trouve peu de hauts sommets. Les précipitations sont assez nombreuses durant les mois d'été. La température n'est pas excessive. La capitale du pays se trouve sur ce plateau: Mexico. Quelque 15 millions de personnes y vivent, ce qui dépasse le chiffre de population des Pays-Bas! Au sud de Mexico, les agriculteurs cultivent le cacao, la canne à sucre et les bananes. Plus au sud encore s'étend une forêt touffue. Peu de personnes y habitent. Cette forêt tropicale recouvre les pays limitrophes du Mexique: le Guatemala et le Belize.

Si tu examines la carte, tu remarqueras que les îles sont nombreuses entre l'Amérique du Nord et du Sud. Chacune d'entre elles est très belle. Elles recèlent de belles plages blanches bordées de palmiers et de cactus géants. La température y est toujours délicieuse, jamais trop chaude grâce aux vents marins.

L'Amérique du Sud présente des paysages et des climats différents. Ceci n'est pas étonnant lorsqu'on sait que le nord du continent longe l'équateur et le sud le pôle Sud. Le long de la côte ouest se trouve une chaîne de montagnes: ce sont les Andes. S'étendant du nord au sud, elles sont longues de plus de 7.000 kilomètres. Elles constituent ainsi le massif montagneux le plus grand du monde. Le versant ouest des montagnes est très escarpé. Par contre, les versants est montent progressivement. De nombreuses hautes montagnes sont des volcans. Ceux-ci sont les plus élevés au monde. Les volcans sont recouverts d'une épaisse couche de neige, même à proximité de l'équateur.

Au Chili, pays très étiré, on trouve le désert d'Atacama, coincé entre l'océan Pacifique et le massif andin. Il n'y est plus tombé une seule goutte de pluie depuis environ 400 ans! Tu ne t'étonneras donc pas d'apprendre qu'il s'agit du désert le plus sec du monde.

MEXIQUE
Mexico
Golfe du Mexique
La Havane
ILES BAHAMAS
CUBA
HAITI
REPUBLIQUE DOMINICAINE
GRANDES ANTILLES
JAMAIQUE
BELIZE
GUATEMALA
HONDURAS
Mer des Caraïbes
S.
NICARAGUA
COSTA RICA
PANAMA
Caracas
VENEZUELA
GUYANA
SURINAM
GUYANE
Bogota
COLOMBIE
Quito
EQUATEUR
Amazone
PEROU
Lima
BRESIL
Brasilia
BOLIVIE
La Paz
PARAGUAY
Asuncion
CHILI
ARGENTINE
URUGUAY
Montevideo
Buenos Aires
Santiago
TERRE DE FEU
OCEAN ATLANTIQUE
OCEAN PACIFIQUE
S. = SALVADOR

Il contraste fortement avec la forêt tropicale du Brésil: l'Amazonie, où il fait toujours chaud et humide. Les arbres y restent verts toute l'année. Certains dépassent les 50 mètres de haut, ce qui correspond à un grand clocher d'église!
Actuellement, le vaste territoire de la forêt tropicale se rétrécit continuellement. L'homme, en effet, le défriche afin d'utiliser le bois. En outre, les terres défrichées servent à l'agriculture.
Le sud du Brésil est contigu à un autre grand pays: l'Argentine. La forêt tropicale n'y pousse pas car le climat y est beaucoup trop sec. Le nord du pays est sec et chaud, tandis que le sud est sec et frais. Le sud abrite un énorme territoire recouvert d'herbe et de buissons bas: la pampa argentine. Cette région convient idéalement aux moutons qui peuvent paître à leur gré.
L'Argentine compte actuellement plus de moutons que d'habitants: on en dénombre en effet 45 millions contre 30 millions.

## La pauvre Amérique

L'Amérique Centrale et l'Amérique du Sud sont peu industrialisées. La population vit principalement de l'agriculture et de la pêche. A proximité de l'équateur, on cultive les fruits exotiques. Le café rapporte beaucoup d'argent. Celui-ci arrive principalement entre les mains des grands propriétaires terriens. Par contre, les agriculteurs reçoivent un salaire très bas. Dans le sud de l'Argentine, l'élevage du mouton est intensif. La pêche est surtout importante pour les Péruviens. Il faut dire que la côte péruvienne abrite quelque 500 espèces de poissons! Les anchois sont ainsi mis en conserve et vendus aux Etats-Unis et à l'Europe de l'Ouest. Le seul pays industrialisé est le Venezuela. Les entreprises s'y sont implantées après la découverte de pétrole dans le sol. Un grand nombre d'usines l'utilisent comme combustible. Il y a une autre source d'énergie importante: l'eau. Le Venezuela possède la station d'énergie hydraulique la plus grande au monde.

*En haut à gauche: femme de l'Equateur.*
*En haut à droite: le lama, un chameau sud-américain.*
*En bas à gauche: temple mexicain.*
*En bas à droite: femmes au marché en Bolivie.*

### ETYMOLOGIE DE VILLES ET DE PAYS SUD-AMÉRICAINS

La Paz, capitale de la Bolivie, signifie "la paix". En réalité, ce pays a connu plus de 100 révolutions, ce qui constitue un record mondial!
L'Equateur porte bien son nom. Ce pays se trouve en effet en plein sur l'équateur. Ce monument, situé à Quito rappelle l'emplacement de l'équateur (voir photo).
La Colombie fait référence à l'Italien Christophe Colomb.

### Tableau de données (des principaux pays)

| Pays | Habitants | Capitale | Langue | Monnaie |
|---|---|---|---|---|
| Mexique | 72 millions | Mexico | espagnol | peso mexicain |
| Cuba | 10 millions | La Havane | espagnol | peso cubain |
| Brésil | 125 millions | Brasilia | portugais | cruzeiro |
| Venezuela | 14 millions | Caracas | espagnol | bolivar |
| Pérou | 18 millions | Lima | espagnol | sol |
| Colombie | 28 millions | Bogota | espagnol | peso colombien |
| Chili | 12 millions | Santiago | espagnol | peso chilien |
| Bolivie | 6 millions | La Paz | espagnol | peso bolivien |
| Argentine | 28 millions | Buenos Aires | espagnol | peso argentin |
| Equateur | 9 millions | Quito | espagnol | sucre |

# L'Afrique

Longtemps, l'Afrique est restée un continent peu connu de nombreuses personnes. Ce n'est qu'au XIXe siècle que l'Europe la ''découvrit''. Presque tous les pays furent occupés par des Européens. Au XXe siècle, la plupart acquirent toutefois leur indépendance. La population africaine se multiplie très vite, ce qui constitue un problème car les écoles et les hôpitaux font défaut. Les Africains font de très gros efforts pour améliorer leur vie.

*L'Afrique possède un monde animal unique.*

## Climats et paysages d'Afrique

L'Afrique connaît différents climats et paysages. Parcourons le continent du nord au sud.
A l'extrême nord se trouve la côte. L'Afrique longe la Méditerranée. L'hiver, la température avoisine les 15 degrés. Des averses violentes peuvent se déclencher. L'été est sec et plus chaud. La température journalière dépasse facilement les 30 degrés.
Une grande partie de la côte est plate, comme en Tunisie et en Libye. Au Maroc et en Algérie, en revanche, la côte est occupée par une chaîne de montagnes, l'Atlas.
En descendant vers le sud, on arrive dans le plus grand désert du monde: le Sahara. D'ouest en est, sa longueur excède les 5.000 kilomètres alors que du nord au sud, le désert s'étend sur 2.000 kilomètres. Si l'on excepte la région côtière, il n'y pleut presque jamais. Le Sahara contient de hautes dunes de sable, dont les plus impressionnantes se situent dans l'est de l'Algérie. Elles atteignent 430 mètres de haut! Le soleil brille à longueur de journée. Ce n'est pas pour rien que cette région est la plus ensoleillée du globe. Les journées dans le désert peuvent être très chaudes. On a relevé en Libye des températures de 58°C à l'ombre.
Au désert succède la steppe. Il y fait plus humide que dans le Sahara. Cependant, les grands arbres n'y poussent pas. Ils cèdent la place à l'herbe. Les paysans utilisent ces terres comme pâturages pour le bétail.
La savane ensuite commence à environ 15 degrés de latitude nord. L'herbe est aussi présente, mais accompagnée cette fois d'arbres. En poursuivant notre descente vers le sud, les arbres succèdent progressivement à l'herbe. Ils poussent en effet très facilement.
Dans l'est, le climat est beaucoup moins humide. C'est dans cette partie que se situent le Kenya et la Tanzanie. Ces pays sont connus pour leurs réserves naturelles, qui abritent des éléphants, des girafes, des zèbres et des lions.
Plus au sud, la série de paysages déjà rencontrés se poursuit sur le même mode, si ce n'est qu'il est inversé. Forêt tropicale, savane et steppe se suivent. Le climat s'assèche jusqu'à ce qu'on atteigne un nouveau désert: le Kalahari.
Derrière celui-ci s'élèvent les montagnes d'Afrique du Sud. Le climat que l'on y rencontre est à nouveau plus humide. L'extrême sud du continent, lui, borde l'océan.

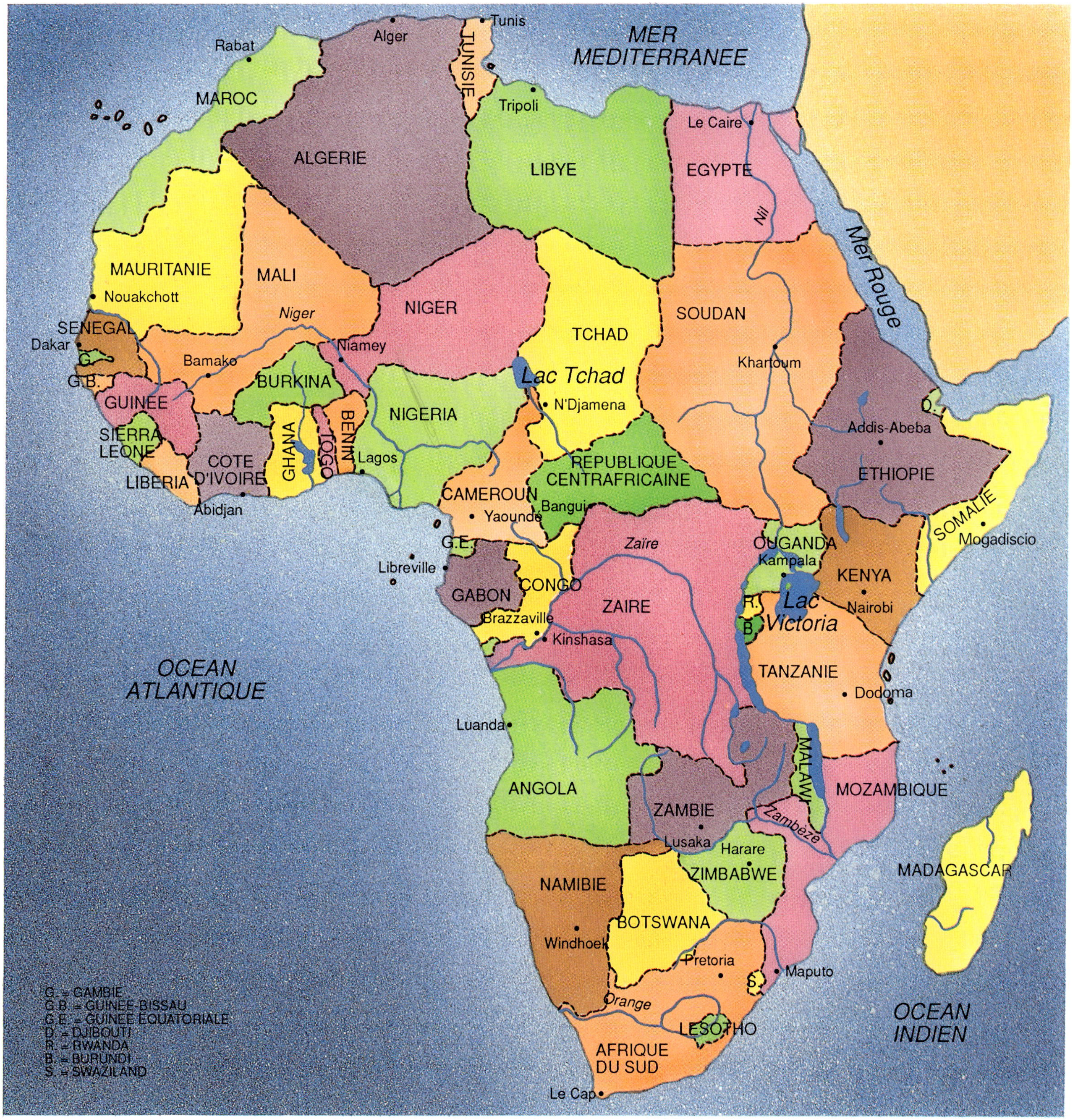
MER MEDITERRANEE
Mer Rouge
OCEAN ATLANTIQUE
OCEAN INDIEN
Rabat
MAROC
Alger
ALGERIE
Tunis
TUNISIE
Tripoli
LIBYE
Le Caire
EGYPTE
Nil
MAURITANIE
Nouakchott
MALI
Niger
NIGER
TCHAD
SOUDAN
SENEGAL
Dakar
G.
G.B.
Bamako
Niamey
Lac Tchad
N'Djamena
Khartoum
GUINEE
BURKINA
SIERRA LEONE
LIBERIA
COTE D'IVOIRE
Abidjan
GHANA
TOGO
BENIN
Lagos
NIGERIA
REPUBLIQUE CENTRAFRICAINE
Bangui
D.
Addis-Abeba
ETHIOPIE
SOMALIE
Mogadiscio
CAMEROUN
Yaoundé
G.E.
Libreville
GABON
CONGO
Brazzaville
Kinshasa
Zaïre
ZAIRE
OUGANDA
Kampala
KENYA
Nairobi
R.
B.
Lac Victoria
TANZANIE
Dodoma
Luanda
ANGOLA
ZAMBIE
Lusaka
MALAWI
Zambèze
MOZAMBIQUE
Harare
ZIMBABWE
MADAGASCAR
NAMIBIE
Windhoek
BOTSWANA
Pretoria
Maputo
S.
Orange
LESOTHO
AFRIQUE DU SUD
Le Cap
G. = GAMBIE
G.B. = GUINEE-BISSAU
G.E. = GUINEE EQUATORIALE
D. = DJIBOUTI
R. = RWANDA
B. = BURUNDI
S. = SWAZILAND

IT IS FORBIDDEN
TO CLIMB THE PYRAMID
ممنوع الصعود والتسلق

## A la recherche d'un mieux

La population africaine s'est considérablement accrue au cours de ces dernières années. Pour assurer un avenir heureux à leurs enfants, les Africains font beaucoup d'efforts pour s'enrichir. Certains pays, tels que les petites nations d'Afrique occidentale, y réussissent assez bien. Beaucoup d'usines et de mines ont été ouvertes. Les entreprises se spécialisent dans la confection. Des mines sont extraits le minerai de fer, l'or et la bauxite. L'agriculture connaît également un essor. Le riz, le coton et le cacao y sont cultivés. Le pays le plus riche du continent est l'Afrique du Sud, dont le sol regorge d'or et de diamant. Cette activité est très lucrative.
Le Soudan et l'Ethiopie sont confrontés à d'énormes problèmes. Si tu examines la carte, tu verras que ces pays sont situés dans le nord-est. Ils ont été touchés par la famine au cours de ces dernières années. Le climat est si sec que plus rien ne pousse. Lorsqu'il pleut, les précipitations sont si fortes que le sol fertile voit l'éclosion de nombreuses plantes.

*En haut à gauche: jeune fille africaine.*
*En haut à droite: l'agriculture est en plein développement.*
*En bas: pyramide de Khéops en Egypte.*

### EN SAFARI

Des touristes du monde entier font des safaris en Tanzanie et au Kenya. Ils partent alors avec un guide dans les réserves naturelles à la recherche d'animaux. Comment te sentirais-tu, face à face avec un hippopotame? Ou avec un éléphant? Ou une girafe? Il est heureux pour ces animaux que des réserves aient été créées. Avant, on les traquait. Les éléphants constituaient surtout une cible de choix car leurs défenses rapportaient beaucoup d'argent. A l'heure actuelle, ce sont les touristes qui amènent les devises dont profitent la Tanzanie et le Kenya.

### Tableau de données (des principaux pays)

| Pays | Habitants | Capitale | Langue | Monnaie |
|---|---|---|---|---|
| Maroc | 21 millions | Rabat | arabe | dirham |
| Algérie | 19 millions | Alger | arabe | dinar algérien |
| Libye | 3 millions | Tripoli | arabe | dinar libyen |
| Egypte | 43 millions | Le Caire | arabe | livre égyptienne |
| Soudan | 19 millions | Khartoum | arabe | livre soudanaise |
| Ethiopie | 33 millions | Addis Abeba | amharique | birr éthiopien |
| Zaïre | 30 millions | Kinshasa | français | zaïre |
| Kenya | 17 millions | Nairobi | swahili | shilling kenyan |
| Tanzanie | 19 millions | Dodoma | swahili/ang. | shilling tanz. |
| Afrique du Sud | 30 millions | Prétoria / Le Cap | Afrikaans, anglais | rand |

# L'Asie

L'Asie est le plus grand de tous les continents. Du nord au sud, il s'étend depuis le pôle Nord jusqu'à l'équateur.
Il communique à l'ouest avec l'Europe. Il faut parcourir des milliers de kilomètres pour atteindre la limite est. C'est au bord du Pacifique que se termine l'Asie.
Une superficie aussi énorme regroupe de grandes différences. On y trouve des déserts mais aussi des forêts tropicales. Certaines régions sont surpeuplées, d'autres sont inhabitées. Le plus haut sommet du monde se trouve en Asie. Il s'agit du mont Everest, qui culmine à plus de 8.000 mètres. L'endroit le plus bas de la terre se trouve aussi en Asie. Ce sont les rives de la mer Morte, situées à 400 mètres sous le niveau de la mer!
Plus de la moitié de la population mondiale vit en Asie, soit plus de 2,5 milliards d'êtres humains!

*Le Taj Mahal en Inde.*

## Climats et paysages d'Asie

Dans le nord de l'Asie, on trouve l'Union Soviétique. Ce pays est si étendu qu'il chevauche deux continents. La partie européenne s'appelle la Russie, la partie asiatique la Sibérie. Cette dernière est recouverte de forêts d'épineux.
La région tout au nord est trop froide pour les arbres. Il n'y pousse que de l'herbe et des lichens, avec par-ci par-là un buisson. Ces terres constituent la toundra. C'est en Sibérie que l'on retrouve la colonie humaine vivant dans la zone la plus froide. Il s'agit de la ville de Verkhoïansk. L'hiver, la température moyenne est inférieure à −50°C! On trouve au sud de l'Union Soviétique deux pays: la Mongolie et la Chine.
En Mongolie se trouve le désert de Gobi, où les précipitations sont rares. Les hivers sont très froids. La côte de la Chine est parsemée de nombreuses villes. Les plus connues sont Shangaï, Nankin et Pékin. L'intérieur du pays est aride et montagneux, il n'y pleut pas souvent.
La région située au sud de la Chine est appelée le Sud-Est asiatique. Comme elle est proche de l'équateur, le climat y est chaud et humide. Les pays les plus connus du Sud-Est asiatique sont la Thaïlande, les Philippines et l'Indonésie. Ces régions sont très peuplées. Lorsque l'homme n'était pas encore apparu sur Terre, ces territoires étaient recouverts de forêts tropicales. Celles-ci ont à présent disparu afin de permettre l'installation de rizières. Chaque parcelle de terrain est utilisée. Le riz est une plante des marais qui ne peut se développer que lorsque la tige est sous eau. Dans les plaines, il n'est pas si compliqué d'immerger les plants de riz. Par contre, le problème se corse dans les montagnes! L'homme cultive dès lors le riz en terrasses, petites parcelles de terrain situées sur le versant d'une montagne et entourées de petites digues afin d'empêcher l'écoulement des

OCEAN GLACIAL ARCTIQUE
Léna
Ob
Ienisseï
Moscou
U.R.S.S.
Volga
Mer Noire
Mer Caspienne
Ankara
TURQUIE
CHYPRE
SYRIE
L.
I.
J.
IRAK
Téhéran
Bagdad
IRAN
K.
B.
Q.
E.A.U.
ARABIE SAOUDITE
Riyad
Mer Rouge
YEMEN DU NORD
YEMEN DU SUD
OMAN
AFGHANISTAN
Kaboul
Indus
Islamabad
PAKISTAN
NEPAL
Bh.
New Delhi
Gange
BD.
INDE
SRI LANKA
OCEAN INDIEN
Oulan Bator
MONGOLIE
CHINE
Houang-Ho
Yang-Tsé Kiang
Pékin
Mékong
COREE DU NORD
COREE DU SUD
JAPON
Tokyo
OCEAN PACIFIQUE
TAIWAN
BIRMANIE
LAOS
THAILANDE
Bangkok
VIET-NAM
CAMBODGE
Manille
PHILIPPINES
MALAISIE
Kuala Lumpur
INDONESIE
Djakarta
L. = Liban
I. = Israël
J. = Jordanie
K. = Koweït
B. = Bahreïn
Q. = Qatar
E.A.U. = Emirats Arabes Unis
Bh. = Bhoutan
BD = Bangladesh

eaux. Vues du ciel, les terrasses ressemblent à un immense labyrinthe!
De l'autre côté de l'Asie se trouve le Moyen-Orient. Tu en connais certainement la plupart des pays: l'Arabie Saoudite, Israël, la Syrie, l'Iran et l'Irak. Le climat y est très chaud, il pleut rarement et le paysage est pelé et rocailleux.
L'Inde se situe entre le Moyen-Orient et l'Asie du sud-est. Les mois d'été sont très arrosés en Inde, alors que les hivers sont très secs. Dans le nord de ce pays coule un immense fleuve: le Gange, dont les rives sont occupées par de nombreuses villes. L'Inde est, avec la Chine, le pays le plus peuplé au monde.

## Le riche et le pauvre

L'Asie regroupe des pays riches et des pauvres. Les pays du Moyen-Orient sont riches grâce à l'argent tiré du pétrole. Celui-ci est exporté dans les pays européens dont les raffineries le transforment en essence. Le Japon est aussi un pays riche. Des entreprises modernes sont installées en ville. Les produits japonais ont envahi le monde entier: autos japonaises, appareils stéréo, et cetera. L'agriculture y est peu développée car le pays est trop montagneux. Par contre, de nombreux Japonais vivent de la pêche.
La plupart des autres pays asiatiques sont pauvres. La population y est si dense qu'elle a peu à manger. Les emplois manquent également. C'est surtout la campagne qui souffre de la situation. Comme les habitants y sont très pauvres, ils rejoignent les villes en grand nombre. Ils espèrent y trouver du travail et de la nourriture. La plupart sont pourtant déçus car ils restent chômeurs. D'autres trouvent un emploi de cireur de chaussures, chauffeur de taxi ou nettoyeur. Ces professions rapportent peu d'argent. C'est pourquoi ces gens habitent les bidonvilles.

*Rizières en terrasses en Indonésie.*

*La muraille de Chine mesure 2.450 km de long.*

*L'Asie est le continent le plus peuplé.*

**Tableau de données (des principaux pays)**

| Pays | Habitants | Capitale | Langue | Monnaie |
|---|---|---|---|---|
| Union Soviétique | 266 millions | Moscou | russe | rouble |
| Mongolie | 1,7 million | Oulan Bator | mongol | tugrik |
| Chine | 1 milliard | Pékin | chinois | yuan |
| Japon | 120 millions | Tokyo | japonais | yen |
| Turquie | 45,5 millions | Ankara | turc | livre turque |
| Arabie Saoudite | 8,5 millions | Riyad | arabe | rial |
| Irak | 13 millions | Bagdad | arabe | dinar |
| Iran | 37,5 millions | Téhéran | persan | rial |
| Inde | 700 millions | New Delhi | hindî | roupie |
| Thaïlande | 46,5 millions | Bangkok | thaï | baht |
| Philippines | 48,5 millions | Manille | tagalog, anglais, espagnol | peso |
| Indonésie | 155 millions | Djakarta | bahasa, indonésien | rupiah |

# L'Océanie

L'Océanie est le plus petit continent de la Terre. Tous les pays qui le composent sont des îles, dont les plus connues sont l'Australie, la Nouvelle-Zélande et la Papouasie-Nouvelle-Guinée.
La carte de la page suivante te montre que l'Australie est l'île la plus étendue.
Elle s'est éloignée des autres continents il y a des millions d'années. C'est pourquoi cette île regroupe des animaux inconnus ailleurs. Les individus issus des anciennes peuplades d'Australie sont appelés les Aborigènes. La plupart d'entre eux ont toutefois été supplantés par des Européens. La majorité des habitants de Nouvelle-Zélande sont également d'origine européenne. Beaucoup de Papous vivent en Papouasie-Nouvelle-Guinée. Ils y sont installés depuis des siècles. Les Papous occupent également les petites îles du Pacifique.

*Le kangourou caractérise souvent l'Australie.*

## Climats et paysages d'Océanie

Les grandes îles d'Océanie connaissent des climats et des paysages différents. Prenons l'exemple de la Papouasie-Nouvelle-Guinée. Ce pays se situe au sud de l'équateur. Le climat est aussi bien tropical que polaire. Le premier ne t'étonnera pas car nous nous trouvons près de l'équateur. Mais pourquoi un climat polaire? Peut-être as-tu déjà deviné. La Papouasie-Nouvelle-Guinée contient de hautes montagnes, si hautes qu'une épaisse couche de glace recouvre les sommets. Le climat y est polaire. Plus bas, il fait par contre chaud et humide, ce qui a provoqué la croissance d'une forêt tropicale.
Si tu traverses la mer, tu arrives dans le nord de l'Australie. Nous sommes dans une savane, synonyme de grandes étendues d'herbe. Des arbres y poussent aussi. Le relief est relativement vallonné.
En descendant un peu vers le sud, les arbres disparaissent peu à peu. Le climat est en effet très sec. Seule l'herbe parvient à pousser. Nous nommons ce type de région une steppe. Plus au sud, nous entrons dans le désert australien, où plus rien ne pousse. Ces déserts sont nombreux: le Grand Désert de Sable, le Tanami, le Désert de Gibson, le Grand Désert de Victoria. Ensemble, ces étendues constituent la plus grande partie du pays.
L'extrême est de l'Australie n'est pas un désert. Les précipitations y sont même abondantes. Il y fait rarement très froid. C'est dans cette région côtière qu'habite la majorité de la population. C'est donc là que se trouvent les plus grandes villes. La traversée en bateau de Sydney à la Nouvelle-Zélande te prendra quelques jours. La distance qui sépare les deux pays est de quelque 2.000 kilomètres. La Nouvelle-Zélande est constituée de deux îles: l'Ile du Nord et l'Ile du

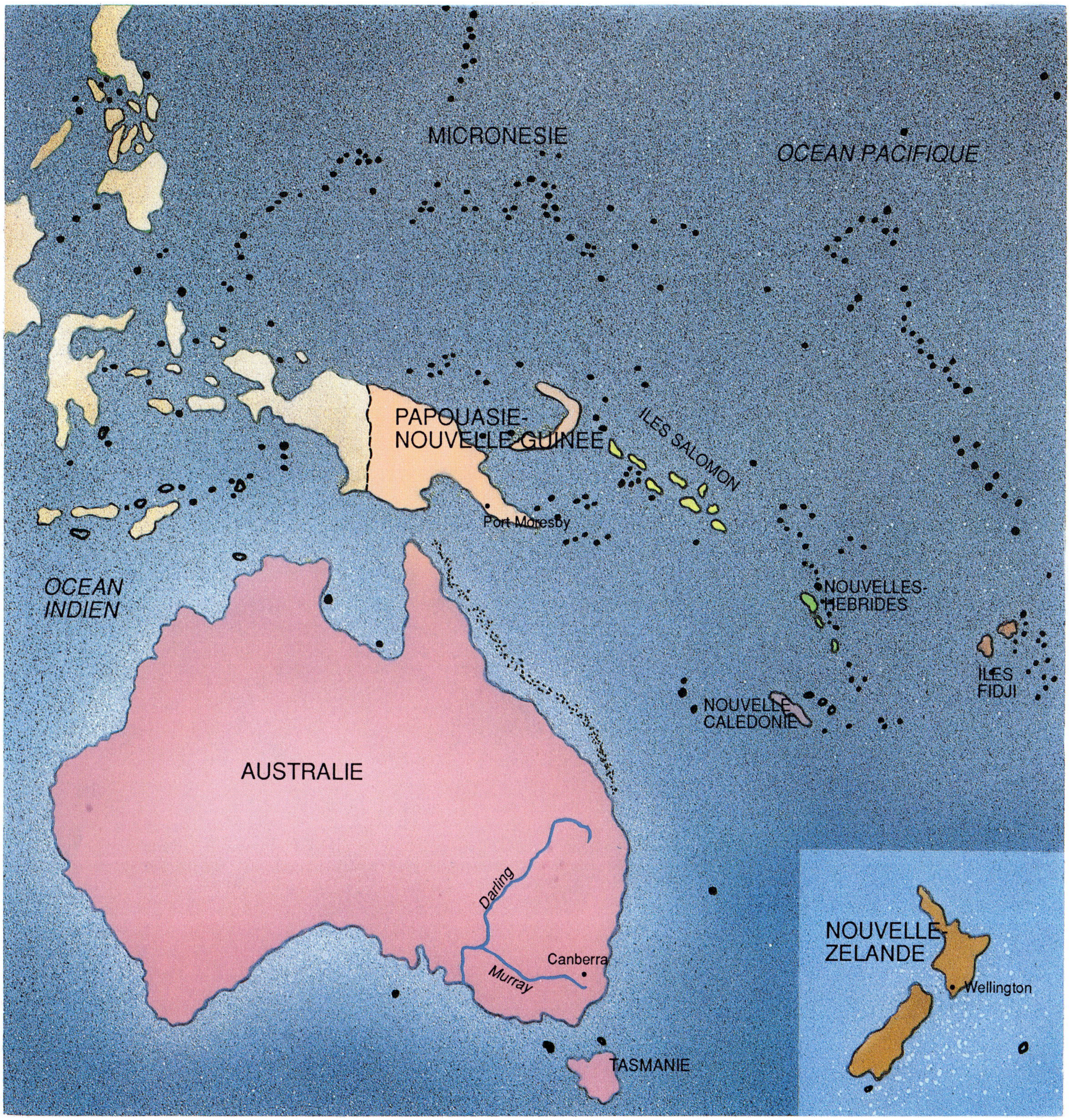
MICRONESIE
OCEAN PACIFIQUE
PAPOUASIE-
NOUVELLE-GUINEE
Port Moresby
ILES SALOMON
OCEAN
INDIEN
NOUVELLES-
HEBRIDES
ILES
FIDJI
NOUVELLE
CALEDONIE
AUSTRALIE
Darling
Murray
Canberra
TASMANIE
NOUVELLE-
ZELANDE
Wellington

*Les Aborigènes sont les plus anciens habitants d'Australie. Ils sont de moins en moins nombreux.*

*En haut: Ayers Rock est un rocher dans le désert australien. En bas: Le bâtiment de l'opéra à Sydney (Australie).*

Sud. Toutes deux connaissent un climat humide. L'ouest est très arrosé.
L'Ile du Sud est montagneuse. On y trouve les Alpes néo-zélandaises, dont le point culminant est le mont Cook, qui s'élève à 3766 mètres au-dessus du niveau de la mer. L'Ile du Sud ressemble en outre à la Norvège par ses fjords de la côte sud-ouest. Des versants pentus s'élèvent à partir de la mer.
L'Ile du Nord ressemble à l'Ile du Sud si ce n'est que les sommets sont moins élevés. Certaines montagnes sont d'origine volcanique. L'activité du sous-sol est visible aux mares de boue bouillonnantes ainsi qu'aux sources d'eau chaude. Comme l'Ile du Nord est plus proche de l'équateur, son climat est plus chaud que sur l'Ile du Sud. La

population vit principalement dans les villes de l'Ile du Nord.
En prenant la mer pour quitter la Nouvelle-Zélande, tu rencontreras beaucoup de petites îles. Certaines ne sont rien de plus qu'un volcan qui émerge de l'eau. D'autres sont de petites îles de corail plates. Le corail est un petit animal du fond des mers, muni d'une carapace dure. Souvent le corail se regroupe pour former un banc au fond de l'océan. Cette couche est parfois si épaisse qu'elle dépasse le niveau de l'eau. C'est ainsi que naît une petite île.

## L'Océanie, continent aisé

L'Australie et la Nouvelle-Zélande comptent parmi les pays les plus riches du monde. Le niveau de vie ne s'est pas amélioré uniquement grâce aux entreprises. L'agriculture y est également importante.
En Australie et en Nouvelle-Zélande, les moutons sont plus nombreux que les hommes, qui s'enrichissent en faisant le commerce de la laine et de la viande. D'autres produits agricoles sont également exploités.
La Nouvelle-Zélande pratique l'élevage des vaches, qui peuvent brouter à volonté dans d'immenses prairies. Leur peau, le cuir, est exportée à l'étranger. Tu as peut-être également déjà vu des kiwis portant l'étiquette ''New Zealand''. L'agriculture est moins intensive sur les petites îles de l'océan Pacifique. Les gens y vivent surtout du tourisme. Beaucoup de ces îles ne sont pas indépendantes mais appartiennent à d'autres pays.

### L'ILE DE PÂQUES

L'Ile de Pâques est une des petites îles du Grand Océan. Elle est très particulière. Elle contient d'énormes statues humaines, qui peuvent peser chacune 50.000 kilos! Ces statues furent sculptées il y a très longtemps dans des blocs de pierre.
On ne sait toujours pas comment elles furent mises debout. Les machines n'existaient pas encore! Il est probable que des cordes furent utilisées pour hisser les pierres. La façon dont cette opération fut entreprise demeure toutefois une énigme.

### Tableau de données

| Pays | Habitants | Capitale | Langue | Monnaie |
|---|---|---|---|---|
| Australie | 15,5 millions | Canberra | anglais | dollar austr. |
| Nouvelle-Zélande | 3,5 millions | Wellington | anglais | dollar néo-zél. |
| Papouasie-Nouvelle Guinée | 3,5 millions | Port Moresby | anglais | kina |

# L'Antarctique

L'Antarctique est un continent plus étendu que l'Europe. Il est toutefois inhabité car il constitue l'endroit le plus froid et le plus balayé par les vents.
Certains hommes y mettent parfois les pieds. Il s'agit de savants qui y mènent régulièrement des recherches. Cette région est également intéressante pour les météorologues, spécialisés dans l'étude du temps et du climat. Parfois, le thermomètre y descend sous les −88 °C! Les chutes de neige ne peuvent toutefois pas être mesurées. Le vent est en effet si fort qu'il est impossible de déterminer si la neige tombe du ciel ou si elle est soulevée du sol.

*l'Antarctique est encore un domaine naturel intact.*

L'Antarctique contient quelques grandes montagnes. Certaines sont même plus hautes que les Alpes. On y trouve aussi deux volcans.
Le continent est presque entièrement recouvert d'une épaisse couche de glace. Aux alentours, la mer est parsemée d'icebergs. L'Antarctique contient 90% de la quantité mondiale de glace. Presque la totalité!
On a souvent pensé à exploiter cet énorme volume de glace. Les Américains ont projeté d'en transporter jusqu'en Californie. D'énormes blocs de glace seraient emballés dans une enveloppe de plastique. Deux énormes cordes les ceindraient. Ensuite, les blocs seraient liés entre eux afin qu'un bateau les remorque jusqu'en Amérique, comme un train suivi de wagons.
La glace, qui fondrait en Californie, servirait d'eau potable. La Californie connaît en effet un climat très sec, si bien que l'eau y est chère.
Différents animaux parviennent à survivre en Antarctique, malgré le froid. Les manchots, par exemple, vivent le long des côtes. Incapables de voler, ce sont, par contre de très bons nageurs. Ils se nourrissent de petites crevettes qui vivent dans la mer.
Les autres animaux marins que l'on rencontre dans la région sont les phoques et les baleines.
Il y a quelque temps, cette espèce était menacée par la chasse impitoyable que leur livraient les baleiniers. Ils extrayaient l'huile de baleine, de la viande et du lard. Cette huile est utilisée notamment dans la fabrication du savon et de la margarine.
La chasse à la baleine s'intensifia à un tel point qu'en 1931, on en abattit 37.465. Certaines espèces furent même menacées de disparition. Depuis lors, des mesures ont été prises et leur chasse a été strictement limitée.

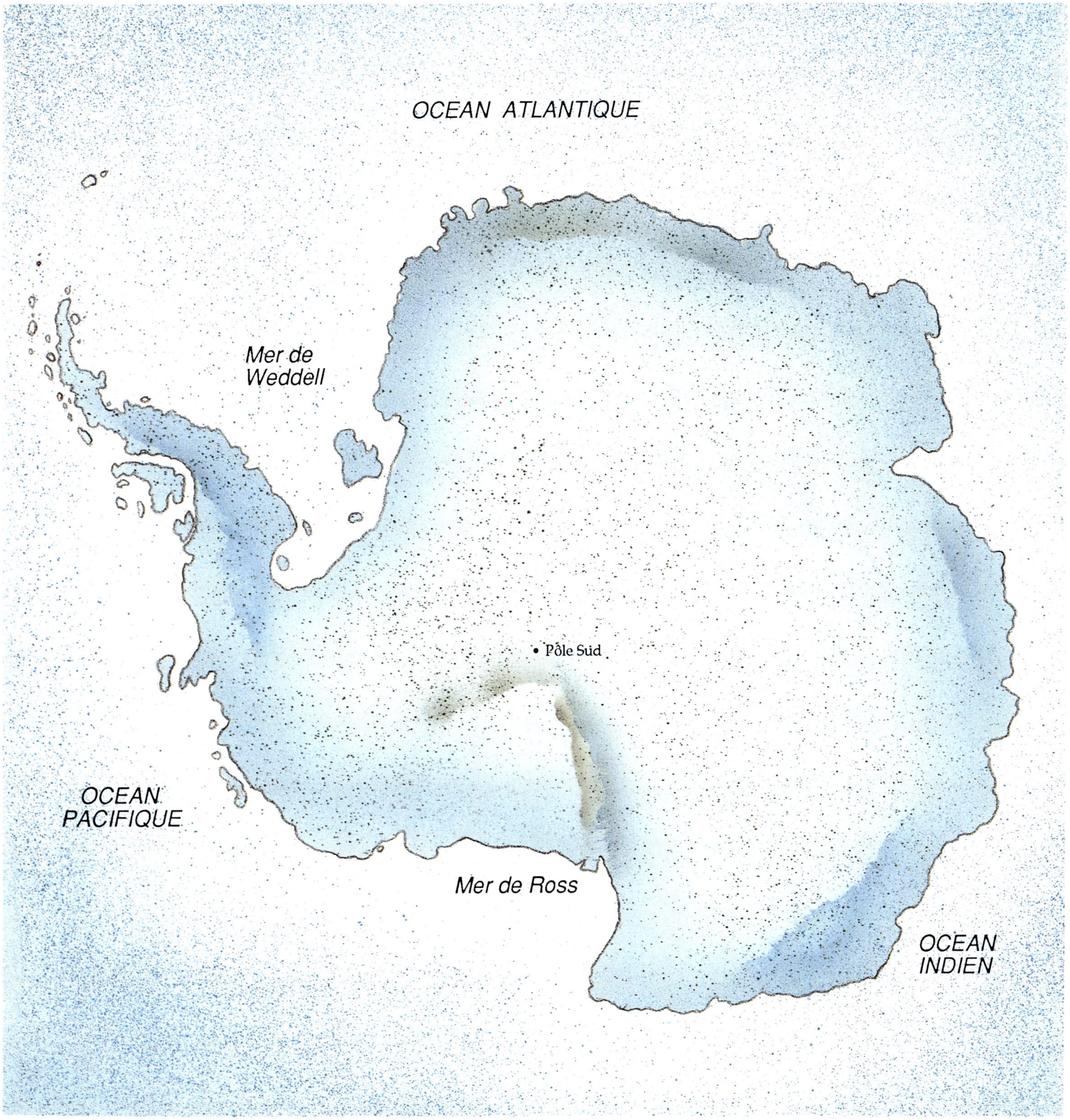
OCEAN ATLANTIQUE
Mer de Weddell
Pôle Sud
OCEAN PACIFIQUE
Mer de Ross
OCEAN INDIEN

# Index

INDEX



# Index des noms de lieux

# INDEX



SOURCES DES ILLUSTRATIONS

Couverture: (de g. à dr.) Hendrickx I., Boux P., Greenpeace, Hendrickx I., Hoyaux R., Weyens W.

Ambassade d'Australie: 90, 92; Andriessen R.: 70 (h); Arnhem R.: 85; Boux P.: 51, 53, 63, 66 (h.dr.); C.E.E.: 72, 73; Croix Rouge: 49; Crum G.: 58 (dr.); Hendrickx I.: 19, 21, 23 (b), 25, 27, 33, 44, 58 (g), 59, 62, 70 (h), 66 (b.dr.), 67, 76 (b.dr.), 77, 78, 80, 81, 86; Ingang A.: 66 (h.g.); Médecins sans Frontières: 48; Nagels Y.: 22, 24, 29 (g), 31, 32, 36, 38, 52 (h), 84; NASA: 35; Piron P.: 23 (h), 74, 76, 80 (b.g.), 82, 88, 89 (g); Raveneau Ker Avor: 51 (h); Rober J.: 47 (g); Schaltin Y.: 66 (b.g.); Van Gasse E.: 94; Weyens W.: 29 (d); Willemsen H.: 52 (b).